Le consommateur digital

Les nouvelles approches pour le séduire

Groupe Eyrolles
61, bd Saint-Germain
75240 Paris Cedex 05
www.editions-eyrolles.com

Du même auteur, chez le même éditeur :

Marketing anatomy

Comment j'ai foiré ma start-up

Pub Fiction. Société postmoderne et nouvelles tendances publicitaires

Pour aller plus loin sur le sujet de cet ouvrage et découvrir certains cas approfondis, rendez-vous sur www.consommateur-digital.com

ISBN : 978-2-212-56521-8

Nicolas Riou

Le consommateur digital

Les nouvelles approches pour le séduire

EYROLLES

Remerciements

Tous nos remerciements à **Patrick Hoffstetter** qui a collaboré au projet dès la première heure. Après diverses expériences, notamment chez SFR ou Yahoo!, Patrick a été DG Europe de Lastminute.com puis *chief digital officer* de Renault de 2011 à juillet 2016. Il est président de l'« e-G10 », club des CDO du CAC 40, et a été élu "*First European CDO of the Year*" en novembre 2015. Toute l'expertise du monde digital de Patrick a nourri le contenu de cet ouvrage.

Ce livre a été enrichi par de nombreuses rencontres avec des spécialistes des différents domaines de l'économie digitale. Nous avons rencontré des experts pour chacun des grands thèmes traités dans cet ouvrage. Leur apport a été précieux et ce livre ne serait pas ce qu'il est sans leurs points de vue.

Un grand merci pour le temps qu'ils nous ont consacré, et, bien sûr, la qualité de leurs contributions !

Michael Aidan, *chief digital officer* du Groupe Danone.

Catherine Barba, pionnière du Web, entrepreneuse, fondatrice du PEPS Lab à New York sur l'avenir du *retail* et organisatrice de conférences (la Journée de la femme digitale…).

Vincent Berge, fondateur de la start-up Think & Go.

Delphine Beer-Gabel, directrice *brand development* de Klépierre.

Marion Carrette, fondatrice de OuiCar.

Marc-David Choukroun, cofondateur de La Ruche qui dit oui.

Raphaël de Andréis, directeur général d'Havas Media.

Jérôme Duchamps, fondateur de l'agence digitale Spoke.

Thomas Husson, VP *principal analyst*, expert du mobile chez Forrester Research.

Jean-Jacques Guével, directeur du développement mode de LVMH.

Jean-Noël Kapferer, professeur à HEC, expert des marques.

Alain Lévy, fondateur de Weborama.

Michel Montrosset, directeur marketing de Samsung.

Antoine Pabst, président de l'agence Razorfish.

Fany Péchiodat, fondatrice de My Little Paris.

Rachel Picard, directrice générale de Voyages SNCF.

Nicolas Poillot, *community manager* de Danone France.

Cédric Siré, directeur général de Webedia.

Laurent Solly, directeur général France de Facebook.

Ariel Steinmann, directrice du digital de BNP Paribas.

Frédéric Tardy, directeur marketing et distribution du Groupe Axa.

Carole Zibi, directrice marketing stratégique EMEA LinkedIn.

Alexandre Woog, fondateur de E-loue.

Merci à toute l'équipe de BrainValue pour leurs contributions « au fil de l'eau », avec une mention spéciale à **Nathalie Ternisien** et **Cécile Gorgeon** pour leurs apports, ainsi qu'à **Paola Craveiro** et **Maud Matthieu**, les deux digital natives du planning stratégique, qui ont suivi le projet dès ses débuts.

Merci à **François Dumortier**, notre directeur artistique, pour son aide sur les dimensions visuelles.

Sommaire

« In less than twenty years, owning a car will be like owning a horse[1]. »

Elon Musk

« Les espèces qui survivent ne sont pas les espèces les plus fortes ou les plus intelligentes, mais celles qui s'adaptent le mieux aux changements. »

Charles Darwin

« Dans le nouveau monde, ce n'est pas le gros poisson qui mange le petit, c'est le plus rapide qui mange le plus lent. »

Klaus Schwab, fondateur du Davos World Economic Forum

1. *« Dans moins de vingt ans, posséder une voiture, ce sera comme posséder un cheval. »*

Préface

Le consommateur 4.0 – c'est-à-dire l'éperon de la quatrième révolution industrielle dont nous sentons seulement les prémices – est un paradoxe.

Multiconnecté, logué, pisté, vissé sur ses réseaux sociaux ou applications favorites, nous savons tout de lui ; ou, du moins, nous aimerions nous en convaincre en brandissant la promesse dont le numérique est intrinsèquement porteur : le *feed-back* instantané – le véritable Saint Graal du publicitaire.

Mais c'était sans compter la nature inédite des forces à l'œuvre : horizontalité, partage, célérité, instantanéité, coproduction et transparence – voire résistance, avec les adblockers. À cela s'ajoute la complexe digestion du déluge des grands nombres pour tenter de connaître des cibles qui génèrent toujours plus de données. Tant et si bien qu'il reste beaucoup à comprendre et à apprendre sur le consommateur digital.

Un TED *talk* ? Un MOOC ? Et pourquoi pas un ouvrage tout ce qu'il y a de plus analogique ? L'ouvrage de Nicolas Riou est singulier de par la juste distance qu'il parvient à maintenir avec son sujet.

Très didactique et documenté, il aborde les concepts clés tout en rappelant les ordres de grandeur et les métriques essentielles : *owned* et *earned* media, les 3V des *big* data, le *User Generated Content*, le mobile *first* et le rôle des applications, et enfin le e-commerce et le m-commerce.

Mais surtout, il dépasse le cadre théorique pour donner à voir les véritables enjeux des professionnels du secteur, au quotidien. Fruit de nombreuses expertises et contributions, il rend accessibles des sujets tecŸiques tels que la *Data Management Platform*, la *data goodwill* ou le Web-to-store. Ces expériences de spécialistes – au premier chef celle de Patrick Hoffstetter – sont précieuses car elles sont la garantie de pouvoir faire le distinguo entre ce qui est important et ce qui ne l'est pas.

Enfin, Nicolas Riou nous rappelle utilement que le consommateur digital est avant tout un homme libre et engagé, pour lequel le digital est également synonyme de nouveaux enjeux éthiques et sociétaux, comme, par exemple, l'image de soi sur les réseaux sociaux. La liberté et la préférence sont les fondements de la publicité et, partout, l'essor de la publicité a été un puissant vecteur de liberté sociale. Restons donc vigilants.

Bonne lecture à tous. Je suis sûr qu'elle vous sera utile pour mieux comprendre le consommateur 4.0 et mieux communiquer avec lui. En fait, tous les professionnels du marketing et de la communication devraient s'en inspirer.

Maurice Lévy
Président du Directoire
Publicis Groupe

Introduction

Facebook vient de lancer son premier live de l'espace ! On y voit Mark Zuckerberg, en personne, converser avec trois astronautes. Quand on aborde la transformation digitale, on évoque souvent les thèmes les plus spectaculaires comme l'« ubérisation » de l'économie, les levées de fonds record, la quête des licornes, ou les déclarations transhumanistes des ténors du digital, qui veulent changer le monde et repousser les limites de l'humain.

Pourtant, il est un acteur plus discret, qui est à l'origine de la grande transformation en cours : le consommateur. Les innovations majeures viennent en général du monde de l'entreprise ou des États. Pour la première fois, en s'appropriant de nouveaux moyens de communication digitale, l'individu est au cœur de la quatrième révolution industrielle, il est la source du changement.

Les analystes traitent souvent le monde digital de façon compartimentée, en silos, en se centrant sur l'un de ses grands thèmes et un seul, comme l'économie collaborative ou les réseaux sociaux. Nous proposons plutôt une vision panoramique, sourcée dans les nouvelles pratiques de consommation. Le consommateur digital est le fil rouge qui unifie les grands thèmes de l'économie digitale. Il est au cœur du changement en cours, à l'origine des transformations à l'œuvre dans la société de consommation, le monde des marques et du marketing.

> « Mais, au fond, qu'est-ce que le consommateur digital ? Existe-t-il vraiment ? »

Avant même de s'adresser au consommateur, le monde digital et ses nouveaux usages façonnent l'individu, ses croyances, ses systèmes de valeurs. Nos **représentations mentales** ne sont plus les mêmes qu'il y a dix ans. Qu'est-ce qui est moderne aujourd'hui ? L'usage prend-il le dessus sur la possession ? Où se situe la limite entre une consommation acceptable, voire vertueuse, et l'hyperconsommation avec son cortège d'excès et d'effets négatifs pour la planète ? La culture digitale influence la perception de ce qui est désirable et de ce qui l'est moins, et structure le désir d'acheter, très en amont.

Les **modes d'information** sur un produit ou une marque ont changé. Avant l'acte d'achat, on consulte sur les réseaux sociaux les avis de ses pairs, ou d'influenceurs, on visite un comparateur pour identifier le meilleur prix, on va voir les offres des concurrents. Toute l'information sur une entreprise est à portée de quelques clics, ce qui crée une pression forte, la menace de la crise de réputation étant toujours présente.

Les **attentes évoluent et les niveaux d'exigence sont plus élevés**. Quand on prend l'habitude d'être servi en ligne, en temps réel, comment patienter lorsqu'un service client laisse à désirer ? Quand on bénéficie d'une relation plus horizontale et personnalisée avec les marques, comment revenir à une relation massifiée et standardisée ? Quand on a découvert des solutions pour obtenir les meilleurs prix, comment se contenter des canaux d'achat traditionnels ?

L'**implication** des consommateurs dans la marque évolue. Ils sont beaucoup plus actifs, ils s'expriment sur les marques et ne rechignent pas à y participer, et même à contribuer à leur offre s'ils y sont invités. Ils deviennent un média et un des premiers ambassadeurs pour une marque.

Les **points de contact** entre l'offre et la demande ne sont plus les mêmes. La consommation média est en pleine mutation, et va dans le sens de la diversification et de l'émergence de nouveaux canaux. L'information sur les marques est toujours à disposition, et non plus seulement quand elles sont en campagne publicitaire.

Les **usages** changent. Internet est un facilitateur qui permet la mise en relation directe des particuliers entre eux, leur permet de contourner les offres classiques et d'inventer de nouvelles pratiques de consommation, comme l'économie collaborative. Le rôle toujours plus important du mobile dans nos vies nous habitue à l'instantanéité.

Enfin, l'**achat** lui-même n'est plus le même avec des parcours qui se complexifient. On peut désormais acheter à toute heure du jour ou de la nuit. Les parcours d'achat s'hybrident entre digital et univers physique.

Tous les consommateurs sont concernés par ces changements, et non pas seulement ceux qui achètent en ligne.

De même que cette évolution dépasse le cadre de l'activité digitale de chacun et affecte l'individu tout entier.

Ces nouvelles pratiques de consommation émergentes, ou déjà émergées, changent le rapport à la consommation et aux marques. Le consommateur échappe aux circuits d'influence traditionnels, qui étaient contrôlés par la marque, et basés sur un modèle descendant, comme la publicité télévisée.

Le consommateur digital est devenu un enjeu majeur pour les marques, car il prend ses distances avec les approches marketing classiques, basées sur la persuasion. Il est exigeant, complexe, volatil. Les vieilles recettes ont vécu. Nous n'avons pas d'autre choix que d'identifier de nouvelles façons de l'engager dans la marque.

D'autant plus qu'il faut anticiper l'accélération de ces mutations, du fait d'une nouvelle vague d'innovations de rupture comme l'essor de l'Internet des objets, la banalisation de la réalité virtuelle, le lancement de la voiture autonome et de nombreux autres changements générés par la diffusion rapide du progrès tecŸologique.

Cet ouvrage propose un grand voyage au cœur de l'économie digitale et de ses mutations, dont le guide sera le consommateur digital. Son ambition est de mieux comprendre cet acteur clé de la transformation digitale, afin d'identifier les nouvelles pistes pour retenir son attention et créer de la préférence de marque.

Nous espérons que le lecteur, dans son immense indulgence, nous pardonnera le recours aux nombreux anglicismes qui jalonnent ce texte. N'y voyez aucune forme de snobisme. Le monde digital est imprégné d'expressions en anglais qui ne sont pas toujours traductibles, ou dont la traduction impliquerait le risque de s'éloigner du sens initial. La volonté d'être au plus près du terrain et des pratiques professionnelles nous a conduits à faire le choix de préserver les anglicismes.

1

À l'origine de l'économie collaborative, le consommateur

On parle beaucoup de l'économie collaborative. L'aventure de sites devenus en peu de temps des succès planétaires, comme Uber ou Airbnb, a porté le sujet du collaboratif sous les feux de la rampe. Et généré de nombreuses polémiques sur les risques d'ubérisation de grands groupes aux *business models* ayant pourtant fait leurs preuves.

Le consommateur collaboratif est à l'origine de ces mutations. C'est lui qui, dans certaines catégories, s'est approprié les outils digitaux mis à sa disposition, pour réinventer ses modes de consommation.

Il n'est pas simple de définir l'économie collaborative car celle-ci recouvre de nombreuses facettes. On peut les résumer en plusieurs grands domaines, dont le point commun est la relation directe entre particuliers. Il s'agit du **partage** (le covoiturage, la colocation, le *coworking*...), de la **location** (Airbnb en est un bon exemple, tout comme OuiCar dans le domaine automobile), de **l'échange** (avec des plateformes comme HomeAway, pour l'échange d'appartements, mais aussi l'échange de services) et de **la vente** entre particuliers (Leboncoin, par exemple, ou les produits frais directement vendus par les agriculteurs).

Le point commun de ces différentes facettes est la désintermédiation des circuits commerciaux classiques, la mutualisation des biens, le brouillage des frontières entre le producteur et le consommateur, le public et le privé.

L'économie collaborative engendre une nouvelle relation à la consommation en rupture avec les modèles de la société de consommation traditionnelle. Alors, qu'en est-il ? Le consommateur collaboratif est-il le signe d'une rupture dans les modes de consommation classiques et de l'émergence d'une nouvelle société de consommation ?

Le boom de l'économie collaborative

L'économie collaborative, ou « économie de partage », remet en cause un point d'ancrage de notre société de consommation : **la possession**. Les mots-clés sont le partage, la mutualisation, l'entraide. Plutôt que de reposer sur l'acte d'achat, l'économie collaborative s'appuie sur l'échange et la vente d'un produit ou service par un particulier à un autre particulier. La mécanique ? Un principe simple, selon Michel Bauwens : *« Mutualiser des ressources sous-utilisées (appartements, voitures…) pour permettre des transactions commerciales entre les particuliers*[2]*. »*

L'usage du logement et de la voiture, les biens les plus chers possédés par les ménages, peut se monnayer. On sous-utilise sa voiture ? Pourquoi ne pas la louer quand

2. Entretien avec Michel Bauwens, *Socialter*, juin-juillet 2015.

on n'en a pas besoin ? Et, même quand on s'en sert, on est souvent tout seul... Pourquoi ne pas proposer à d'autres personnes de partager les frais liés au trajet ? Un constat tout simple, à l'origine du succès de BlaBlaCar. Louer son appartement ou partager une voiture avec de parfaits inconnus, le temps d'un trajet, n'apparaît plus comme un obstacle insurmontable. Au contraire, on apprécie la convivialité, les opportunités offertes par de nouvelles rencontres.

L'apprentissage de ces nouvelles pratiques s'est fait progressivement. Elles prennent un ancrage lointain dans les racines de la culture Internet : l'*open source*. Les systèmes ouverts, l'accès libre et gratuit, sont dans l'ADN du digital. Ensuite, la revente entre particuliers a accéléré la prise de conscience d'une possible génération de revenus par ces approches. En fréquentant massivement des sites comme www.leboncoin ou www.priceminister, les consommateurs ont réalisé qu'ils pouvaient facilement monétiser certains de leurs biens. Et puis, tout est allé très vite. En quelques années, le collaboratif s'est imposé comme un nouveau modèle de consommation.

Aujourd'hui, tout se partage, même les bureaux, notamment chez les jeunes pousses de l'économie digitale. Pourquoi dépenser trop pour son loyer, surtout quand on a peu de moyens ? Les espaces de *coworking*, comme Mutinerie à Paris, essaiment et valorisent les espaces de travail partagés par plusieurs jeunes entreprises ou travailleurs indépendants, qui inventent une façon de travailler différente et moins cloisonnée. Ils incarnent l'esprit collaboratif en privilégiant le partage de compétences et les échanges d'idées.

Du côté d'Internet, le développement de nombreuses plateformes collaboratives permet d'ouvrir de **nouvelles possibilités** et de **nouvelles expériences** de consommation. Hier, on utilisait sa voiture en mode privé et le train en mode collectif. BlaBlaCar utilise le vide entre ces deux univers pour proposer un modèle nouveau transformant la voiture en espace collectif. L'entraide, le troc de compétences, le donnant-donnant... deviennent monnaie courante.

Le succès très médiatisé des propositions-phares de cette nouvelle économie – Airbnb, Uber, BlaBlaCar ou KissKissBankBank – ne doit pas devenir l'arbre qui dissimule la forêt. L'économie collaborative fait preuve d'une vitalité impressionnante. Des cohortes de nouvelles entreprises lèvent des fonds pour inventer les modes de déplacement, de financement ou les façons de s'héberger de demain. La sélection naturelle et les arbitrages des consommateurs feront le tri entre ces projets. Mais leur abondance donne un indice sur la vitalité de l'économie collaborative et ses chances de se développer de façon pérenne. Derrière les stars du collaboratif, il y a pléthore de projets encore confidentiels, qui sont peut-être les licornes[3] de demain.

3. En langage Internet, les licornes sont les start-up ayant confirmé leur succès en passant le cap du milliard de dollars de valorisation. Par exemple, notre champion français Criteo.

Derrière un BlaBlaCar, il y a une multitude d'acteurs moins connus, qui proposent chacun leur regard sur le sujet du partage automobile. Il s'agit de Drivy, OuiCar, Lift, Koolicar, Livop, Wattmobile, Heetch, E-loue, Djump... Certains ont identifié un positionnement différenciant, avec un angle spécifique : OuiCar aide les particuliers à louer leur voiture entre eux. Heetch est spécialisé dans le covoiturage de nuit, et s'adresse à ceux qui en ont assez de ne pas trouver de taxi en rentrant de soirée à 4 heures du matin. LuckyLoc, quant à lui, propose des trajets entre toutes les villes de France pour un euro. Le principe est simple : il suffit de ramener à sa ville d'origine les véhicules de location des loueurs.

Derrière Airbnb, il y a HomeExchange ou Nightswapping. Ce dernier propose d'échanger des nuits et d'éviter ainsi la transaction commerciale entre particuliers : on accueille des membres chez soi, avant de s'offrir des nuits ailleurs avec les points gagnés. On peut ainsi voyager ou partir en week-end en échangeant des points, et non pas de l'argent.

Derrière KissKissBankBank, se cache l'essor du *crowdfunding*, qui propose un nouveau modèle de financement pour tous les types de projets, qu'ils soient personnels (financer une passion, un projet de film ou de voyage) ou professionnels. Un financement qui provient non pas des banques, mais de la récolte de fonds auprès de particuliers qui auront, en échange, le sentiment d'être impliqués dans des projets qui les intéressent.

Plus d'une soixantaine de plateformes ont vu le jour, des plus généralistes (Kickstarter, Ulule...), qui traitent de tous les sujets ou presque, aux plus spécialisées, comme GwenneG qui recherche des projets bretons, ou Wepopit, qui se concentre sur les projets situés dans le monde de la mode. Le *crowdfunding* recouvre plusieurs modèles : le don contre don (KissKissBankBank), le prêt (Crowdlending.fr, Unilend, Lendopolis, Lendix, Lending Club...), certains allant jusqu'à promouvoir le développement du prêt entre particuliers, cautionné par des banques, ou encore la prise de participation au capital de sociétés non cotées (comme WiSeed, Sowefund, Particeep...).

Un foisonnement d'initiatives entrepreneuriales qui ne laisse pas indifférentes les grandes banques, inquiètes de voir une partie de leurs demandes de financement se tarir sous la pression de ces nouveaux acteurs. C'est ainsi qu'Hello bank (l'offre digitale de BNP Paribas) accompagne Ulule pour lancer l'offre **Hello play**, qui permet à tout un chacun de financer des projets musicaux.

Les services d'**aide entre voisins** se développent : on est prêt à échanger sa perceuse, ou à demander un coup de main pour repeindre son salon contre un cours de cuisine. Comme le propose le site d'entraide entre voisins www.luludansmarue.com, on peut choisir de demander un service et le rémunérer ou, au contraire, opter pour l'échange entre particuliers.

Focus sur La Ruche qui dit oui

LRQDO, c'est un concept unique et innovant de circuit court alimentaire local, participatif et délocalisé : chaque responsable de ruche recrute et anime une communauté de producteurs locaux, situés à moins de 250 km. Ceux-ci livrent une fois par semaine et les clients qui ont précommandé sur Internet viennent chercher leur commande à la ruche.

Lancée le 21 septembre 2011 à Fauga, à côté de Toulouse, LRQDO compte aujourd'hui 800 ruches plus 200 à venir fédérant 5 000 producteurs. Elle est présente sur 6 pays (même si la France représente encore 80 % du chiffre d'affaires), sert 150 000 clients et emploie 130 personnes dont 70 à Paris. Le tout pour un chiffre d'affaires de 5 millions d'euros en croissance forte. Elle vient de lever 10 millions d'euros pour assurer son développement.

Trois questions à Marc-David Choukroun, son président

1. Quel est le caractère atypique de LRQDO ?

Notre ambition est de « disrupter » la chaîne de valeur de la distribution alimentaire et de changer le monde agricole. Pour cela, nous allions culture de l'entrepreneuriat social et culture de l'innovation numérique pour former ce concept unique de start-up sociale et solidaire. Une entreprise hybride entre boîte de tecÚo et communauté sociale et solidaire, entre capitalisme classique (un de nos actionnaires est un fonds américain) et force de la communauté et de la coopération.

2. Quels sont les profils de vos responsables de ruche et de vos clients ?

Nos responsables de ruche sont moins intéressés par l'argent (en moyenne, un responsable de ruche gagne 500 euros par mois) que par les valeurs. On constate cependant que 50 % d'entre eux envisagent d'en faire un job à temps plein.

Nos clients ne sont pas que des bobos parisiens du 10e ! Nous avons des profs, des retraités, des jeunes en province. Des personnes qui sont avant tout à la recherche de valeurs et de produits de qualité.

...

3. Quelles sont les tendances que vous observez ?

Tout d'abord, un vrai engouement pour la consommation locale et le circuit court plébiscités à 90 % par les Français. Mais les crises alimentaires ont aussi renforcé le besoin de traçabilité. Et puis, nous surfons sur l'essor de l'économie collaborative, laquelle répond au besoin de créer plus de lien entre les gens.

L'effervescence du domaine collaboratif est loin de n'être qu'un effet de mode. L'engouement des consommateurs pour ces nouvelles formes de consommation est un signe qui ne trompe pas. Ils y trouvent plusieurs types de satisfaction, allant des économies réalisées à la dimension humaine, symbolisée par la solidarité, la confiance, la rencontre de personnes nouvelles. Ils y font aussi l'expérience de **nouveaux services** que l'économie classique ne leur apportait pas. Le plus pénible, dans la location de voiture, est souvent d'aller la chercher. Chez OuiCar, explique Marion Carrette, sa fondatrice, *« le loueur amène la voiture à son "client" qui, souvent, le ramène chez lui avant de profiter pleinement du véhicule »*.

Derrière ces mutations, les plateformes digitales inventent un **nouveau modèle économique** où la rencontre entre l'offre et la demande n'implique pas l'entretien de stocks : Airbnb ne possède pas d'hôtels ; BlaBlaCar, pas de voitures ; Uber, pas de taxis. Un modèle qui se contente de mettre en relation les offreurs et les demandeurs, et de prélever une rente sur la transaction. Et, comme l'apprenti sorcier, le consommateur réalise qu'il peut devenir lui aussi un producteur/vendeur de services et en tirer une source de revenus. Cette mise en relation par les plateformes collaboratives permet de

réduire le nombre d'intermédiaires entre un produit et ses utilisateurs, et d'entrer en contact direct avec les producteurs.

L'économie de partage : la société de consommation réinventée ?

Un capitalisme à visage humain ?

Comme le souligne Philippe Moati[4], le développement de l'économie collaborative est le signal d'une évolution de nos modèles de consommation. Nous avons grandi dans un modèle centré sur l'achat et le transfert des droits de propriété. Aujourd'hui, la possession n'est plus toujours une motivation suffisante pour **donner du sens à l'acte d'achat**. Tendanciellement, on découvre une certaine satiété des consommateurs vis-à-vis du modèle de consommation classique construit pendant les Trente Glorieuses, longtemps associé à la croissance et au mieux-être. De plus en plus, les consommateurs se sentent las de la course à la nouveauté et de l'obsolescence programmée des produits conduisant à leur renouvellement fréquent. Pour une partie de la génération des « digital natives », le désir se tarit et la pulsion d'achat s'émousse. Pour cette « génération gueule de bois », barbouillée par les excès de l'hyperconsommation, les promesses du modèle de la consommation classique sont de moins en moins tenues. L'accumulation

4. Conférence à la DGCCRF (Direction générale de la concurrence, de la consommation et de la répression des fraudes), 2010.

de produits détériore la planète et ne rend pas plus heureux, ni même forcément plus satisfait.

Le statut associé à la possession d'un objet n'est plus un argument suffisant pour faire la différence. Une autre forme de statut prend le dessus : celui d'appartenir à la modernité, d'adhérer à cette **nouvelle culture**. Celle où l'on consomme ce qui est nécessaire à la satisfaction d'un besoin, et non plus le superflu, la valeur d'image. Autant de nouveaux comportements de consommation qui ancrent le sentiment d'appartenance à un groupe social, dont le marqueur n'est plus le statut, mais l'adhésion à cette culture de la « **consommation raisonnée** ».

Dans certains secteurs, comme le transport, la **valeur d'usage** des produits prend le dessus sur le reste. Et l'expérience associée à l'usage peut se révéler plus positive que l'acte d'achat et la possession. On fait des connaissances nouvelles dans un trajet partagé *via* BlaBlaCar, on peut même faire l'expérience d'une convivialité différente et plus ouverte.

Le collaboratif offre à cette génération de consommateurs un nouvel état d'esprit, voire une nouvelle culture avec ses valeurs-phares. Derrière le partage, se cachent les notions de solidarité, d'entraide, d'échange et de confiance en l'autre[5]. Ces nouveaux actes de consommation sont la promesse d'un nouveau lien social, moins individualiste, plus ouvert sur les autres. Pour

5. Rachel Botsman auteure de *What's Mine Is Yours. The Rise of Collaborative Consumption*, HarperCollins, 2011, pour qui la confiance sera la nouvelle monnaie.

cette génération, bien consommer est le vecteur d'une **nouvelle valorisation de soi**. En témoigne l'essor des boutons « donation » sur Facebook, qui permettent de s'engager par sa consommation en redirigeant un infime pourcentage du montant de son achat vers des ONG. C'est ainsi, par exemple, qu'en période de Noël, le site Accor reverse automatiquement un euro à une association. Ou que l'UNICEF veut casser nos mauvaises habitudes et propose de convertir en litres d'eau le temps non utilisé sur le smartphone.

Les sensibilités se croisent entre les thèmes de l'économie collaborative et ceux de l'**économie circulaire et du développement durable**. Le collaboratif ne génère pas de besoins de consommation additionnelle, il repose sur l'utilisation de ressources existantes. L'essor d'approches comme le troc, la revente d'occasion, la réparation ou la location se situe au carrefour de ces deux univers. *« Drivy, BlaBlaCar ou Airbnb font de l'économie circulaire sans le savoir. Airbnb, c'est 1,4 million de nuitées sur Paris pour zéro mètre cube de béton en plus*[6]. »

Les valeurs de ces deux approches s'entrecroisent et les consommateurs de l'une se retrouvent dans l'autre. Les grands thèmes comme le respect des ressources de la planète, la dimension locale, la proximité, une certaine authenticité sont partagés et dessinent les contours d'une vision alternative de la consommation, voire d'un changement de société.

6. François-Michel Lambert, député, président de l'Institut de l'économie circulaire, conférence HEC, 18 mai 2016.

Optimiser son pouvoir d'achat

Une autre lecture de ce nouveau modèle de consommation, beaucoup plus triviale, peut être faite. La **question du budget** reste au centre des motivations des consommateurs. Pour certains, le collaboratif, ce n'est pas seulement l'envie de faire les choses autrement ou le rejet de la notion de propriété ; c'est avant tout une stratégie d'optimisation de son pouvoir d'achat dans un contexte où la contrainte budgétaire s'accroît.

C'est avant tout un moyen de faire des économies sur certains postes de son budget comme les transports. On préfère ne pas être propriétaire et trouver une solution maligne pour que le besoin soit satisfait tout en payant moins. Une logique différente de celle du *low cost*, qui est avant tout une option pour les personnes subissant des contraintes budgétaires les empêchant d'accéder aux grandes marques. Le collaboratif incarne le choix malin, sur mesure, réservé aux précurseurs, aux gens avertis, engendrant un bénéfice de valorisation de soi. Une satisfaction et une fierté que nous confiait avec ses mots Berta, une consommatrice collaborative : *« On est des aventuriers, on essaie des offres et on en parle après à nos amis. »*

La première motivation pour l'utilisation de BlaBlaCar, c'est de **réduire le coût** de son voyage, soit en partageant les coûts d'essence et d'autoroute, pour le conducteur, soit en payant moins cher que le train ou une location de voiture pour le « transporté ». Le collaboratif, c'est aussi une façon pour le consommateur d'en avoir plus pour moins cher. C'est ce que propose, par exemple, le site www.lecloset.fr, qui permet d'accéder à toutes les pièces d'un dressing collectif (lesquelles pièces sont donc aussi utilisées par d'autres) pour un abonnement de 49 euros par mois. Et offre ainsi la possibilité à tous les amateurs de style de changer quotidiennement de panoplie en échange du renoncement au fait de posséder ces vêtements.

L'économie collaborative, c'est aussi une façon d'**augmenter ses revenus** de manière significative en obtenant une rémunération en échange d'un service. En louant sa maison sur Airbnb, on génère un revenu qui peut permettre de financer de plus belles vacances que celles qu'on aurait pu s'offrir. Cela commence souvent par un « petit plus » qui arrondit les fins de mois, et, pour une partie de la clientèle, devient ensuite un second métier, voire le métier principal. À La Ruche qui dit oui, 50 % des responsables de ruche veulent en faire une activité à temps plein.

Devenir acteur de sa consommation

Le marketing de masse s'est construit sur un consommateur passif. Chacun préserve bien sûr sa liberté de jugement, mais le système s'appuie sur la puissance des marques et leur capacité à influencer à leur profit les choix des consommateurs. Fondée sur les modèles béhavioristes, la publicité s'est développée dans les années 40 sur la base d'un credo simple : « Répéter, c'est persuader. » Un credo exprimé à la télévision, à 20 h 30, l'heure du *prime time* : la répétition des mêmes stimuli (en l'occurrence la fameuse USP, *Unique Selling Proposition*, la proposition produit) générant de la préférence de marque. Un système qui reposait sur une clé de voûte : la **passivité du consommateur**, réduit à une *« part de cerveau disponible*[7] *»*, acceptant de consommer ce qu'on lui proposait de consommer, de façon uniformisée.

Le **consommateur digital devient actif** : il veut avoir le sentiment de mieux maîtriser sa consommation. Le prospectiviste Jeremy Rifkin[8] appelle ces consommateurs les « *prosumers* » pour souligner le caractère proactif de leur démarche de consommation. Selon Rifkin, ils ne sont plus animés par l'appétit de possession. Ils sont portés par des valeurs de responsabilité vis-à-vis de la planète et de refus du gaspillage. Ils témoignent d'une volonté d'être mieux informés afin de ne plus consommer à l'aveugle et de **prendre en main leur consommation**.

Jusqu'à, parfois, en devenir des consommateurs engagés, en quête de transparence et d'honnêteté de la part des marques. Ou des consommateurs militants, afin de peser sur la politique des marques, comme ce fut le cas pour H&M au Bangladesh.

Ou encore de s'intéresser à des produits issus d'un environnement de proximité, étant alors plus tournés sur l'humain. En témoignent les expérimentations en matière d'alimentation de proximité faites dans certaines

---

7. Expression formulée par Patrick Le Lay en 2004, alors P.-D.G. de TF1.
8. Jeremy Rifkin, *La Nouvelle Société du coût marginal zéro*, Éditions Les Liens qui libèrent, 2015.

villes aux États-Unis, notamment Detroit, fortement touchée par la crise financière. C'est là que les « *urban farms* » se sont répandues. Ces fermes urbaines visent à se prendre en charge et à s'autonomiser de la dépendance aux industriels et distributeurs en produisant soi-même une partie de sa consommation alimentaire courante.

Cette tendance de fond, qui voit se développer la **réappropriation de leur consommation** par les individus qui ne la subissent plus mais en deviennent acteurs, s'incarne dans le boom du ***do-it-yourself***. La culture digitale ouvre de nouvelles possibilités et offre des outils différents aux consommateurs. La cuisine est un des premiers théâtres de ces changements. La cuisine en kit permet de commander les menus préparés à l'avance (on reçoit les éléments prédécoupés/les sauces...), afin de pouvoir les finaliser soi-même à son domicile. Les initiatives individuelles fleurissent aussi avec la possibilité de produire ses légumes chez soi (avec l'éclosion des jardins d'appartements ou d'immeubles...). Il en va de même pour les Amap, dont certaines, comme Au bout du champ, proposent des systèmes de distribution dans un casier où les producteurs viennent déposer leurs produits frais.

Cette tendance du *do-it-yourself*, de l'accès direct aux produits non intermédiés par la distribution, touche toutes les catégories ou presque. Le bricolage, bien sûr, avec le boom des tutos sur Internet et la mise en place de nouvelles offres comme les maisons en kit, à monter soi-même. Mais aussi la décoration, avec la tendance de l'« *upcycling* », en plein développement : il s'agit de réutiliser des objets banalisés et communs, comme des boîtes de conserve, pour en faire, par exemple un objet de déco comme une lampe. Le secteur de la beauté ne reste pas immobile. On propose les ingrédients pour faire soi-même son shampooing, ses masques, ses gommages ou son ombre à paupières… Certains blogueurs ont fait leur fonds de commerce de cette envie de partager des trucs et astuces pour produire soi-même les objets de ses rêves. Par exemple www.vertcerise.com ou makemylemonade.com.

Même le domaine de l'apprentissage devient, grâce aux MOOCS, le lieu de l'**initiative individuelle** : on peut se former soi-même dans n'importe quel domaine aujourd'hui, grâce à ces cours en ligne.

Le mouvement des **makers** pousse à son paroxysme cette tendance du « faire soi-même ». Il a commencé avec les fablabs. Nés en 2000, ce sont des lieux de rencontres où l'on peut apprendre à produire à peu près tout et n'importe quoi. Le prolongement en France du mouvement international des fablabs a trouvé le joli nom d'Open Bidouille Camp, une appellation qui en dit assez long sur l'état d'esprit des *makers*. Deux jours de fête et d'ateliers où l'on apprend toutes sortes de choses, comme la meilleure façon de réparer son vélo ou d'utiliser une imprimante 3D. Les *makers* expérimentent, apprennent, produisent. Leur valeur-clé est l'autonomie. Leur credo ? Faire soi-même est beaucoup plus gratifiant que d'acheter tout fait. Le *maker* exprime le besoin de participer à la création de l'offre, souvent dans l'objectif d'avoir chez soi un monde où tout est personnalisé, car fait par soi-même. Au point d'apprendre à « coder » pour créer des applis de service. Mais aussi pour le challenge et un bénéfice émotionnel bien affirmé ; éprouver toute la satisfaction de pouvoir dire : « C'est moi qui l'ai fait. »

La philosophie des *makers* est de réparer, de réutiliser, plutôt que de produire toujours plus. Elle traduit une envie de lutter contre l'obsolescence et le gaspillage. Elle **propose du sens** et se positionne comme une alternative à la société de consommation classique, dans laquelle nous avons grandi : avec les « *makers* », les frontières entre **consommateur et producteur se brouillent**. Comme le précisait Gilles Lipovetsky dans son interview à *La Revue des marques* : « *La fuite en avant dans la consommation n'est source ni de bien-être ni de bonheur. L'idéal humain ne peut se trouver dans la seule quête de la consommation. Il ne peut se réduire à la quête d'un bien-être seulement matériel, car l'être humain est, comme l'analysait Nietzsche, quelqu'un qui se dépasse, qui se réalise par la création, laquelle procure davantage de joie que le seul bien-être matériel*[9]. » Se mettre à produire ce que soi-même ou d'autres consommeront, redonne du sens à notre consommation et aux objets qui nous entourent.

Quels enjeux pour les marques ?

Quels sont les modèles ? Quels exemples de succès peut-on suivre ? Il n'y en a pas encore. Tant qu'on vivait

9. *La Revue des marques*, numéro de juillet 2015.

dans un monde stable, on pouvait reproduire les schémas de succès existants. Dans l'univers collaboratif, rien de comparable. Les individus ont la main, ils mènent la danse. Les grands groupes se sentent souvent désemparés face aux mutations des consommateurs et aux menaces de désintermédiation engendrées par la rupture digitale. Forts des enseignements issus du remodelage de secteurs comme la musique ou les taxis, les comités de direction rivalisent de séances de *brainstorming* pour identifier leur stratégie de transformation digitale et éviter qu'une start-up nouvellement entrée ne remette en cause les bases de leur *business model*. Le secteur automobile se sent menacé par la perspective de la voiture autonome et le développement du covoiturage. Les banques suivent de près le développement de la finance collaborative. La désintermédiation est une menace potentielle qui, comme une épée de Damoclès, peut remettre en cause un modèle économique du jour au lendemain.

Qu'en est-il des marques ? Celles-ci risquent-elles de se faire « ubériser » par la consommation collaborative ? Ce n'est pas une fatalité. Nombre de marques expérimentent et rivalisent d'initiatives. Leur parti pris est de **s'inoculer la culture Internet afin d'apprendre de l'intérieur**.

Plusieurs stratégies sont déployées par les marques :

- **racheter des sociétés issues du modèle collaboratif** pour prolonger leur offre et mettre à son service les savoir-faire afin de dessiner les stratégies de demain. Prendre pied dans l'économie collaborative, afin d'en bien maîtriser les rouages. C'est pourquoi General Motors investit aux États-Unis dans une offre de véhicules en partage mise à la disposition des habitants d'immeubles. Ou vient de prendre une participation dans Lyft, un des principaux concurrents d'Uber outre-Atlantique, pour la modique somme de 500 millions de dollars. C'est aussi pourquoi la SNCF n'hésite pas à prendre le risque de s'« auto-cannibaliser » en investissant dans OuiCar, en rachetant 123envoiture (rebaptisé depuis iDVROOM), un service de covoiturage du quotidien ciblant les petits trajets, et BlaBlaCar. Que Toyota investit dans Uber ou que Accor prend des participations dans les sites collaboratifs Onefinestay, Foursquare ou Oasis.

- **Appliquer à leur activité l'esprit collaboratif et ses valeurs.** Se mettre au diapason de ce nouveau consommateur, c'est aussi lancer des offres en affinité culturelle avec lui. En créant, par exemple, des plateformes d'échanges ou en aidant les gens à entrer en relation entre eux. « La caverne d'Alinéa » est une opération qui permet à ceux qui veulent se débarrasser de leurs vieux meubles, de les déposer dans un magasin Alinéa et de récupérer un bon d'achat quand ceux-ci sont vendus par l'enseigne. Une opération couronnée d'un succès sur lequel l'enseigne capitalise en inaugurant le premier vide-greniers permanent.

De même que la marque Nudie Jeans lance des ateliers de réparation de ses jeans, que Marks & Spencer a inventé le ***shwopping***[10], une tecŸique qui propose aux clients de rapporter leurs produits usagés pour les échanger contre de nouveaux. La marque Ikea, quant

10. Contraction de shopping et de *swapping* (échanger en anglais).

à elle, offre avec Second Life la possibilité à ses clients de rapporter leurs meubles pour les revendre ou les bricoler, les customiser, dans l'esprit de la culture *maker.*

- **Chercher de l'inspiration : identifier des idées nouvelles.** Les marques s'inspirent du mouvement « *makers* », tentent de les faire participer à leur système, et même contribuer à leur stratégie d'innovation. À la dixième conférence des fablabs à Barcelone en 2014, Nike et Airbus ont lancé un « appel aux membres ». Air Liquide, Airbus ou Renault ouvrent leur fablab en interne. Dans un esprit mi-collaboratif, mi-*maker*, les distributeurs enrichissent leur offre et expérimentent de nouveaux lieux. C'est le cas de Leroy Merlin qui a importé des États-Unis en 2015 le concept TechShop, un lieu où l'on peut produire, s'entraider et progresser en échangeant des compétences. Un système d'abonnement qui permet de mettre à la disposition des bricoleurs plus de 150 machines comme des imprimantes 3D, ou la découpe au jet d'eau. Un lieu qui donne une place importante au « *coworking* » et s'organise en ateliers spécialisés, incluant des cours pour aider à maîtriser les engins et à personnaliser ses projets.
- **Développer des partenariats avec les acteurs du collaboratif.** Axa l'a fait en nouant un accord mondial avec BlaBlaCar, visant à assurer les trajets collaboratifs. Ikea développe un partenariat avec Uber pour faciliter la livraison des meubles.
- **Développer la location afin de mieux satisfaire les besoins des consommateurs** en utilisant les codes de

la culture collaborative. Si elles ne peuvent échanger gratuitement leurs produits, comme elles le feraient en économie 100 % collaborative, elles peuvent néanmoins proposer leurs services en location. Qui a la place et l'utilité de posséder une machine à raclette si il/elle ne l'utilise qu'une ou deux fois par an ? Autant la louer ! C'est pourquoi Seb lance Eurêcook, un système de location d'appareils culinaires. Une initiative partagée par Boulanger qui lance une initiative similaire sous le nom de Lokéo.

- **Intégrer les consommateurs au cœur de l'innovation**, dès la conception des produits, avec le « *crowdsourcing* ». La sociologue Marie-Anne Dujarier[11] a montré dès 2008 que les consommateurs sont prêts à participer à l'offre des marques de façon bénévole et peuvent ainsi être une source de création de valeur pour l'entreprise. Les faits lui donnent raison.

  Avec @TheSportIdeaBox, Decathlon a mis en place une plateforme collaborative qui compte aujourd'hui plus de 61 000 collaborateurs dans plusieurs pays. En rejoignant la communauté, les sportifs peuvent proposer des idées d'innovation en faveur desquelles les autres membres de la communauté voteront… ou pas. Une approche « *user centered* » qui a permis à Decathlon de lancer plusieurs nouvelles offres comme le ballon de foot Origami, fun et coloré, qui renouvelle l'offre dans un secteur où seuls les ballons pros avaient droit de cité. Ou le masque Easybreath

11. Marie-Anne Dujarier, *Le Travail du consommateur*, La Découverte, 2008.

avec lequel on peut respirer par le nez et la bouche. Dans le cas où l'idée d'un internaute est retenue, il sera rémunéré.

Starbucks a mis en place une approche similaire avec www.mystarbucksidea.com, une plateforme collaborative où il est demandé aux participants de partager leurs idées, de les soumettre au vote de la communauté avant de voir, concrètement, celles qui ont été lancées.

La plateforme de « *crowdsourcing* », qui permet au consommateur de faire remonter ses expériences d'utilisation des produits et ses idées, est un moyen de générer des *insights*, tout en développant une relation différente avec des consommateurs plus impliqués et valorisés par le fait d'être mis en avant par la marque.

★★★

La **désintermédiation par les nouvelles pratiques de consommation collaboratives** a déjà « disrupté » plusieurs secteurs économiques, comme le tourisme, la musique, les médias ou les télécoms. Elle peut aller encore beaucoup plus loin, jusqu'à *« la redéfinition du modèle de consommation hérité du modèle fordien, qui s'appuyait sur la consommation de masse »* et où la croissance de la consommation *« apparaissait comme une nécessité économique*[12] *»*.

12. Philippe Moati, « Le mouvement consumériste aux prises avec l'évolution du modèle de consommation » dans *Protection des consommateurs. Les nouveaux enjeux du consumérisme*, Éditions EMS, 2016.

C'est la thèse que défend l'essayiste américain Jeremy Rifkin, qui précise que *« des centaines de millions de personnes transfèrent déjà des marchés capitalistes aux communaux collaboratifs de petits fragments de leur vie économique*[13] » et n'hésite pas à sonner le glas du capitalisme, du fait de l'accès gratuit à de nombreuses prestations, facilité par le digital.

Allons-nous vers un changement de société ? L'usage et la collaboration prendront-ils le dessus sur l'achat et la possession dans un nouvel idéal de société de consommation où l'humain et le sens l'emporteront sur les anciennes valeurs consuméristes ?

Penser la disparition du capitalisme, c'est le sous-estimer. Il devra cohabiter avec un volant collaboratif, apportant plus de diversité et de richesse aux consommateurs. Mais il a prouvé sa capacité à se réinventer en se réappropriant et en recyclant des dynamiques qui lui sont *a priori* hostiles[14]. Il saura s'adapter et tirer parti de ce changement de paradigme, en témoignent les efforts déjà mis en place par les entreprises pour se réapproprier certaines valeurs du collaboratif. Le secteur marchand sera même stimulé par ce nouveau champ concurrentiel qui l'oblige à innover pour gagner en attractivité.

13. Jeremy Rifkin, *La Nouvelle Société du coût marginal zéro, op. cit.*
14. *Révolte consommée* (Éditions Naïve, 2005), des Canadiens Joseph Heath et Andrew Potter, montre la capacité du capitalisme à se réapproprier les thèmes qui lui sont *a priori* hostiles, comme la contre-culture.

De même que le collaboratif « des débuts » s'oriente aujourd'hui, à coup de levées de fonds, vers des pratiques hybrides, intégrant une part de capitalisme.

Il n'en reste pas moins que le mouvement collaboratif impacte notre culture de consommation. Il laisse entrevoir la possibilité concrète d'un autre modèle de consommation et dessine les contours d'une alternative possible à l'hyperconsommation. Une société de consommation plus horizontale et participative, un capitalisme à visage humain, qui revalorise les valeurs de proximité et d'authenticité. Et c'est déjà beaucoup !

2

Génération réseaux sociaux

Créé en 2004, Facebook entre tout juste dans l'adolescence ! Apparus il y a seulement quelques années dans leur forme contemporaine, les réseaux sociaux ont changé notre façon de communiquer avec les autres et sont devenus un véritable phénomène de société. Aujourd'hui, leur audience est massive : elle se compte souvent en milliards de personnes. Facebook met en avant 1,5 milliard d'utilisateurs dans le monde ; YouTube 1 milliard ; WhatsApp 1 milliard… De quoi donner le vertige.

À l'origine, un fait nouveau, encore jamais vu : des outils de communication dont l'instigateur n'est pas les États ou le monde de l'entreprise, comme ce fut le cas pour le mail ou le fax, mais qui ont été inventés ou adoptés par les gens, dans un contexte privé. Le succès a été fulgurant grâce à l'appropriation rapide de ces outils qui ont révolutionné notre façon de communiquer au quotidien et nous proposent d'inventer une nouvelle convivialité.

Un point qui semble anodin, mais qui est bien plus qu'un détail. Les consommateurs sont à l'origine de la visibilité des marques sur les réseaux sociaux, et non l'inverse. C'est eux qui mènent le bal, et c'est aux marques de s'adapter. Une dynamique d'origine qui explique la situation actuelle, parfois inconfortable, de nombreuses marques qui ont un temps de retard sur les usages de consommateurs élevés au digital.

De la conversation à la mise en scène de soi

Le Web social[15] est au cœur de nos vies digitales. Et les réseaux sociaux y occupent une place de choix. Facebook, YouTube, WhatsApp, Snapchat, Pinterest, Twitter, Periscope, Tumblr… concernent tout le monde. Bien sûr, la génération Z ou les Millenials, ces fameux « digital natives » qui ont grandi biberonnés au Web et zappent en permanence entre de nombreux écrans. Mais aussi, de façon plus surprenante, les seniors. Une étude de l'Observatoire Cetelem[16] montre qu'en France, plus d'un sexagénaire sur quatre est membre d'un réseau social. Les plus de 50 ans sont connectés en moyenne 13 h 15 par semaine, c'est-à-dire une heure de plus que leurs cadets. Les sexagénaires sont incités par leurs enfants à se connecter pour rester en contact malgré l'éloignement géographique, mais aussi pour partager des contenus, notamment des photos.

Les autres médias ont leur moment privilégié : le matin pour la radio, le soir pour la TV… Internet, quant à lui, est présent à tous les moments de notre quotidien.

15. Le Web social regroupe notamment les réseaux sociaux, les forums, les blogs, les wikis, les communautés et les *chats* des grands portails.
16. L'Observatoire Cetelem, février 2016, cité par *Le Monde* du 2 février 2016.

Avec les réseaux sociaux, le consommateur digital est *« always on »* : il n'a plus de temps morts. Partout où il a du réseau, il peut consommer des contenus, à tout moment.

Imaginons sa vie digitale : au réveil, il se connecte rapidement pour consulter son compte Facebook et vérifie les messages de ses amis. Dans les transports, il consulte souvent des sites qui vont lui apporter des bénéfices de praticité et de gain de temps, comme les sites de réservation de billets de train, ou son compte en banque (les clients BNP Paribas se connectent environ vingt fois par mois. La moitié d'entre eux consultent leur compte sur mobile ou tablette[17]).

Et cela se poursuit jusqu'au soir tard, où il passe du temps à flâner et se laisser absorber par le Web, pour découvrir d'autres mondes, d'autres vies que la sienne. Un moment où il prend le temps, où il se laisse porter par les découvertes, une image menant à une autre, qui elle-même mène à une autre…

Quelles sont ses motivations ? Sur les réseaux sociaux, il explore de nouveaux horizons, et découvre la vie et les goûts des autres, notamment sur les réseaux plus orientés « image » comme Pinterest ou Instagram. Il peut exercer sa curiosité, chercher des informations, partager des retours d'expérience, assouvir sa soif d'ouverture sur le monde et les marques. « La vie des

17. Entretien avec Ariel Steinmann, directrice du digital de BNP Paribas, mai 2016.

gens », selon la formule régulièrement employée par Mark Zuckerberg, se raconte sur les réseaux sociaux.

On **met aussi en scène un soi rêvé** en scénographiant ses humeurs, ses émotions et en sélectionnant avec attention les temps forts qu'on choisit de montrer de soi. On est dans le domaine de ce que les sociologues appellent l'« extimité » : la projection vers les autres de son intimité. *« Instagram, c'est très très perso. Je poste pas mal de photos et souvent des photos personnelles*[18]*. » « En se documentant de la sorte, l'internaute fait acte d'affirmation de soi au cœur d'un réseau où la majorité des individus semble poster les mêmes clichés*[19]*. »*

Cette approche, visant à capter l'attention des autres, se prête à la **valorisation de soi et à l'idéalisation du quotidien**. Selon un sondage réalisé par HTC[20], les deux tiers des internautes reconnaissent embellir leur vie sur les réseaux sociaux. Au point qu'aux États-Unis, LinkedIn a organisé le « Picture Opportunity Tour », un camion itinérant proposant aux membres du réseau d'optimiser leurs profils en les prenant en photo de la façon la plus qualitative qui soit. Ou qu'Airbnb offre les services de photographes professionnels pour valoriser les appartements présentés sur le site.

Le temps passé sur les réseaux sociaux n'est pas sans générer de **craintes**. D'abord un peu de culpabilité face

---

18. Étude Brain Value réalisée pour My Little Paris.
19. Diane Lisarelli, « Instagram : la vie devant soi », *Les Inrockuptibles*, juin 2013.
20. Cité dans la newsletter Le Hub publiée par La Poste.

au risque d'addiction, au sentiment de perplexité quand on reçoit un stimulus ou ressent une vibration de son smartphone et que le premier réflexe pavlovien est de le consulter sur-le-champ, par peur de manquer, de passer à côté d'une information.

Et beaucoup de narcissisme, qui peut dériver dans *« la peur de l'insignifiance »* que souligne le psychanalyste Carlo Strenger. Un trouble de l'estime de soi que peut générer une situation où sa propre valeur personnelle s'évalue au nombre de *followers* sur les réseaux sociaux[21].

Mais aussi le sentiment d'investir beaucoup trop de temps dans des choses futiles, sans grand intérêt, que confessent nombre de fans des réseaux sociaux, qui ne pourraient pas s'en passer pour autant. Ou l'idée qu'on pourrait faire des choses plus intéressantes de tout ce temps passé devant les écrans, voire que l'on ne construit pas sa vie sur le long terme en étant focalisé sur l'instant. Culpabilité aussi face au risque d'enfermement sur soi, qui peut générer une dégradation de la communication avec ses proches.

Et, enfin, les doutes sur la préservation de données personnelles et confidentielles. Et si tout le contenu qu'on a mis sur Facebook était stocké quelque part ? Ou pouvait tomber entre les mains de n'importe qui[22] ?

21. Carlo Strenger, *La Peur de l'insignifiance nous rend fous*, Pocket, 2016.
22. Un thème traité au chapitre 4 sur le big data.

Au final, la mise en scène de soi, le culte de l'instantanéité illustrent l'inquiétude face à ce que Guy Debord dénonçait de façon prophétique comme *« la domination du spectacle sur la vie où le présent se donne à vivre immédiatement comme souvenir*[23] *»*.

Place au buzz : le consommateur devient un média

Toute relation est aussi un enjeu de pouvoir. Et le Web social signifie le basculement d'une partie de ce pouvoir du côté des gens. La consommation est un des sujets favoris de la conversation sur le Web social. N'importe qui a la parole et peut s'exprimer à tout moment sur une marque. Et les marques n'y maîtrisent aucun des échanges.

Parfois, cela génère de divines surprises. Le Groupe Seb met souvent en avant l'importance d'un tweet d'Oprah Winfrey (dont le compte Twitter est suivi par 16 millions de personnes) sur l'envol des parts de marché américaines de la cuiseuse Actifry, en 2013. Que disait-il ? *« Cette machine, T-fal Actifry, a changé ma vie. Et ils ne me paient pas pour dire ça. »* Avant de rajouter : *« Le plat entier de frites, une cuillère à soupe d'huile. Délicieux avec mon burger végétarien. »* Un message relayé par deux photos sur Instagram. Impact : le lendemain matin, l'action du groupe grimpait de 4,88 %, soit plus de 140 millions de capitalisation boursière.

23. Guy Debord, *La Société du spectacle*, Buchet/Chastel, 1967.

Le Groupe Seb opère dans une catégorie à forte implication, la cuisine quotidienne. Le Cookeo, multicuiseur intelligent, a été lancé en 2012, fort de 50 recettes préprogrammées. Le produit a suscité un vif intérêt chez les consommateurs, à une exception près, le nombre limité de recettes disponibles. Ceux-ci ont donc créé un groupe privé sur Facebook, en **dehors de tout pilotage ou intervention de la marque.** Un groupe qui a vite rassemblé 100 000 personnes… qui s'échangent des trucs ou des recettes pour optimiser l'usage du produit, en toute autonomie.

Cet exemple illustre l'autonomisation des consommateurs par rapport aux marques. Non qu'ils les rejettent ou puissent s'en passer. Mais ils s'approprient librement leurs produits et les réinventent à leur façon. Selon les actions marketing d'accompagnement, cela peut générer un supplément d'attachement à la marque ou, au contraire, de la distanciation, si celle-ci ne parvient pas à rappeler son rôle.

Le constat est qu'aujourd'hui les marques n'ont plus le monopole de la parole sur elles-mêmes. Elles ont perdu **le contrôle sur la conversation, qu'elles ne maîtrisent plus tout à fait**. Le rapport de force avec leurs consommateurs a évolué et une partie de leur toute-puissance leur a échappé.

Cet état de fait engendre à tout moment la possibilité de voir se concrétiser un risque de réputation. Un « bad buzz » mal géré peut générer de très fortes retombées négatives pour une marque. L'anonymat libère la parole et peut provoquer la parole violente. Et les consommateurs ont beaucoup plus de facilité à s'exprimer quand ils sont mécontents. Sur les points positifs, il suffit d'en croire l'adage populaire : les gens heureux n'ont pas d'histoire.

Ainsi, au moindre faux pas, les marques sont attaquées sur les réseaux sociaux, qui agissent comme **amplificateurs de crise**. La première crise majeure de e-reputation est celle de Kit Kat en 2010. Elle faisait suite à la publication par Greenpeace d'une vidéo reprochant à l'entreprise de détruire les forêts indonésiennes avec ses exploitations d'huile de palme, menaçant d'extinction les orangs-outans. Greenpeace a mis à disposition des internautes un logo Kit Kat détourné avec l'inscription « killer » à la place de celle de la marque. La fan page Facebook de Nestlé a été prise d'assaut. Et le Groupe a fait plusieurs erreurs dans la gestion de l'affaire. *« Vos commentaires sont les bienvenus, mais merci de ne pas les publier en utilisant une version détournée de nos logos comme photo de profil : ils seront supprimés »*, a précisé Nestlé sur la fan page, suivi de *« C'est notre page, nous décidons des règles »*. Un ton, une attitude qui ont suscité un véritable déchaînement des internautes, allant jusqu'à impacter le cours de l'action Nestlé. Tout cela en quelques heures, car le propre des crises de réputation est d'intervenir à une vitesse fulgurante. Avec cette affaire, le monde du marketing découvrait le pouvoir des réseaux sociaux, voire leur capacité de nuisance dans le cadre d'une crise de e-reputation. Depuis, les crises se sont multipliées. BP ou Mars… en ont fait les frais.

Evian et Volkswagen : *Good buzz/bad buzz*

Entre 2009 et 2013 **Evian**[24] a réinventé la marque de façon digitale. Celle-ci était déclinante, du fait de nombreuses attaques contre la catégorie des eaux en bouteilles. Sa campagne de publicité, fondée sur un message fonctionnel – « Votre corps est fait d'eau, il faut la renouveler » –, ne produisait pas de résultats. Lancée sur YouTube en 2009, la campagne des Roller Babies fait 2 millions de pages vues… en trois jours. Toutes les dimensions d'image de la marque évoluent, bénéficiant du *buzz* par effet de halo. Le taux de clics sur la *home page* de YouTube, de 0,6 % en moyenne, atteint 2,8 %. Le taux de partage, en général limité à 27 %, atteint 67 %. Au final, la campagne rentre au *Guinness Book* des records : elle a fait 350 millions de pages vues.

Pourquoi une pareille viralité ? Une idée créative exceptionnelle, les Roller Babies. Le pouvoir d'*entertainment* de la musique Rapper's Delight remixée par le DJ Dan the Automator. L'absence voulue de message fonctionnel sur le produit, au profit de la recherche d'engagement émotionnel dans la marque.

Résultat : un budget limité à l'achat de quelques home pages YouTube pour un impact mondial, grâce à la viralité. Le consommateur est bien un média. Et les ventes ? D'une tendance à - 8 %, la marque est passée à + 6 % au niveau mondial.

24. Entretien avec Michael Aidan, directeur digital de Danone, 19 mai 2016.

À l'inverse, la crise **Volkswagen**, ou le « Dieselgate » comme beaucoup l'ont appelée, est un cas emblématique. Elle révèle ce qu'une communication minimaliste et non préparée peut avoir comme effets désastreux sur l'image d'une marque et sur l'ensemble d'un groupe.

Volkswagen, malgré les menaces, ne s'était pas doté d'une stratégie de prévention des risques digitaux en cas de crise…

Cela faisait plusieurs mois que Volkswagen était sollicité par les autorités américaines, et que le trucage de ses moteurs était pressenti. La firme avait d'ailleurs reconnu les faits le 3 septembre 2015, ce qui lui laissait deux semaines pour mettre au point un plan de crise. Un plan préventif qui a cruellement manqué. Notamment lors du début du *buzz* où VW a été très peu réactif. Un isolement vite perçu comme de l'arrogance.

Focus sur le Dieselgate : rappel des faits

18 septembre 2015 : les révélations autour des moteurs truqués sont rendues publiques par l'autorité fédérale EPA.

20 septembre : Martin Winterkorn, le président du Groupe Volkswagen, exprime ses « regrets ».

21 septembre : le scandale commence véritablement. Dans l'après-midi, VW perd 20 % en Bourse.

22 septembre : les réseaux sociaux s'affolent, suite aux révélations des médias sur le nombre de véhicules concernés, et la crise devient virale (diffusion et reprise des informations, parodies, etc.). On passe d'une moyenne de 1 500-2 000 *tweets* par jour avant le 21 septembre à 32 102 *tweets* le 23 septembre.

23 septembre : la démission du P.-D.G. fait enfler le volume des conversations sur le sujet.

24 septembre : le compte Twitter de VW France publie un communiqué.

2 octobre : un numéro vert est mis à la disposition des clients (plus de dix jours après le début de la crise, une éternité en temps digital).

Mi-novembre : le volume des mentions sur Twitter en lien avec VW retrouve un niveau normal.

VW : l'absence de stratégie de communication digitale

Volkswagen a choisi de faire profil bas sur les réseaux sociaux et s'est complètement laissé dépasser par la temporalité très rapide de ces médias. Le week-end du 26 septembre, le #Dieselgate était encore un *« trending topic »* (alors qu'ils ne durent habituellement que quelques heures) sur Twitter. Contrôler les premiers instants est pourtant crucial en gestion de crise. Mais il a fallu trois jours au compte officiel de VW France pour réagir, en n'obtenant que 50 *retweets*, signe que la crise leur avait déjà échappé. La maison mère @Volkswagen sera mentionnée 1 675 fois, sans jamais se manifester.

VW : un ton éditorial inapproprié

Aucun fil Twitter ni statut Facebook dédiés n'ont été créés pour laisser les clients s'exprimer sur un terrain maîtrisé, ce qui a favorisé la diffusion des commentaires négatifs ailleurs sur le Web. Les réseaux sociaux auraient dû être utilisés pour fournir des explications, s'adresser aux clients et rassurer la communauté. Or, Volkswagen emploie dans ses rares messages un ton très froid et corporate, inapproprié pour une entreprise accusée de mensonge et de dissimulation qui devrait miser sur la transparence et l'humilité.

Qu'il aille dans le sens de la marque ou, au contraire, qu'il la critique, le consommateur a prouvé sa capacité à s'émanciper des messages pilotés par le marketing et à affirmer sa liberté d'opinion. En ce sens, **il rééquilibre son rapport de force** et acquiert un pouvoir qu'il n'avait pas auparavant, la possibilité de mettre une forte pression sur l'image et les ventes d'une marque.

La culture de la notation et des avis des consommateurs

Depuis le succès de Tripadvisor, l'acteur historique ayant popularisé les avis des consommateurs dans la notation des hôtels et des restaurants, le réflexe de la notation et des avis s'est installé. Et les espaces en ligne se sont multipliés (comme Reevoo, dans l'automobile), ou se sont ajoutés au contenu éditorial de certains sites comme Amazon ou AlloCiné. Un chauffeur Uber est noté par ses utilisateurs après chaque voyage. À l'instar des blogueuses et youtubeuses, dont les relations avec les marques sont denses, les consommateurs n'ont pas de freins à s'exprimer et à noter les marques. Le Web social est même devenu un des carrefours d'expression favoris sur ce thème, *via* les réseaux sociaux, WhatsApp, les sites d'avis en ligne, les groupes privés sur Messenger. On y partage coups de cœur et coups de gueule, joies et déceptions, influences et opinions, informations et envies. Le consommateur digital est mature vis-à-vis de la consommation et du marketing. Sa **parole est libérée**. Des avis et notes, réclamations ou colères, il s'exprime sur chacun des points de contact entre les marques et lui, de façon décomplexée.

Ces avis sont valorisés et deviennent une source crédible de renseignements avant un achat. Les forums, les comparateurs de prix comme Kayak, Kelkoo ou LeGuide, ou encore les sites de comparaison des offres et nouveautés produits font florès, car la parole échangée entre pairs est perçue comme une parole de confiance. Sur le comparateur www.beautetest.com, on trouve de nombreux commentaires sur les forces et les faiblesses de milliers de produits de l'univers cosmétique. À titre d'exemple, Black Opium d'Yves Saint Laurent réunit 1 158 avis de consommatrices. Certaines sont reconnues par le site comme étant des émettrices fiables. Elles bénéficient d'un statut privilégié, dont témoigne un nombre d'étoiles qui les identifie immédiatement comme expertes aux yeux des autres consommatrices. D'autres sont des contributrices plus occasionnelles. Toutes donnent leurs avis, décortiquent ce qu'elles aiment ou n'aiment pas dans les produits.

Au final, dans les secteurs où il est impliqué, le consommateur a les moyens de devenir ou de penser être plus expert que la conseillère beauté ou le vendeur dans une concession automobile auxquels il peut avoir affaire dans sa vie « offline ». Que ce soit vrai ou pas, peu importe, l'**influence qu'il exerce sur les décisions d'achat** de ses pairs est bien réelle. La pratique de consultation des avis en ligne avant un achat s'est installée dans les usages : 88 % des individus consultent des avis de consommateurs avant un achat en ligne (73 % pour un achat en magasin). Et ces avis influencent l'acte d'achat, du fait de la confiance qu'ils génèrent. Une étude Nielsen[25] montre que la confiance dans les avis en ligne (47 %) est supérieure à celle en la publicité télévisée (37 %).

Cette expertise vient concurrencer celle des marques, qui perdent une partie de leur autorité en voyant **leur échapper la maîtrise d'une part des sources d'influence** à leur sujet. On ne prend plus leurs discours ou leurs innovations pour argent comptant, et l'on vérifie sur Internet avant de s'engager dans un achat.

Cela génère de nouveaux défis pour la protection des consommateurs car ces avis peuvent être commandités par les entreprises elles-mêmes et dissimuler de l'information à caractère commercial. La neutralité des avis consommateurs en ligne n'est pas toujours rigoureuse et la lisibilité pour le consommateur doit être améliorée.

Les inÿuenceurs, stars des réseaux sociaux

Les réseaux sociaux se devaient d'avoir leurs propres idoles. Ils ont engendré une nouvelle génération de stars, les influenceurs, qu'on appelle souvent « youtubeurs/youtubeuses » pour l'audience record qu'elles génèrent sur YouTube.

25. "Global Trust in Advertising", Nielsen, 2015.

Le monde digital est **composé de communautés** qui se rassemblent autour de centres d'intérêt partagés. Chaque communauté est structurée en pyramides d'influence, avec quelques « gourous » en leur sommet. Leurs prises de parole sont vues par l'ensemble de la communauté. Quand Norman s'exprime sur le jeu vidéo Assassin's Creed, il est suivi par la **communauté des « gamers »**. Il en va de même pour Cyprien ou Palmashow, qui ont contribué à inventer les codes de la conversation sur les réseaux sociaux.

Dans la **communauté cuisine**, le blog « Papilles et Pupilles », créé par une maman qui cherchait des recettes adaptées aux intolérances de ses enfants, est maintenant devenu un des blogs de cuisine les plus connus en France. Son auteure est aujourd'hui une ambassadrice de la marque Président. Dans un autre registre, Mercotte est une blogueuse cuisine et gastronomie, partie de nulle part (la légende raconte qu'elle ne savait pas casser un œuf, un atout pour sa crédibilité et le sentiment de proximité qu'elle suscite). Elle est maintenant partenaire de grands chefs comme dans l'émission *Le Meilleur Pâtissier* sur M6.

Jaddo est le pseudo d'une jeune médecin généraliste influente dans la **communauté santé**. Sur son blog, elle nous raconte son quotidien, depuis son entrée dans le monde médical. Des confidences, des histoires courtes, qu'elle a compilées dans un livre *Juste après dresseuse d'ours*[26].

26. Jaddo, *Juste après dresseuse d'ours*, Pocket, 2013.

Dans la **communauté fitness**, **Tibo InShape** distribue sur YouTube, sans se prendre au sérieux, ses conseils d'entraînement, de nutrition ou de règles de vie. Avec plus d'un million d'abonnés, ce Toulousain de 23 ans au physique de déménageur, fan de sport depuis son enfance, est devenu une référence dans le bodybuilding.

Pour la **communauté famille**, Emmanuelle, directrice d'école, est l'auteure de Parler-de-ma-vie, un des blogs les plus suivis en France. Elle partage son expérience de maman parisienne à travers des photos, des recettes, et des récits. Avec **Je-suis-papa**, Olivier, jeune papa, nous raconte les tribulations de sa vie de père avec des billets pleins d'humour et d'émotion.

La présence des influenceurs, souvent consacrés sur YouTube, devient multicanale. Au gré de leurs préférences, les influenceurs créent leur propre écosystème digital et mélangent les canaux, qui ont chacun des fonctions complémentaires. Ils utilisent Snapchat, YouTube, Instagram ou des blogs, et lancent même leurs apps. C'est le cas de Kayla Itsines, connue dans le monde du fitness américain. Pour aider les femmes dans leur BBG *(Bikini Body Guide)*, elle s'exprime à la fois sur YouTube et dans un blog où elle donne des recettes et sur son app.

Leur territoire d'expression naturel est celui de **la beauté**. À la manière d'une génération spontanée, les influenceuses ont émergé simultanément dans plusieurs pays. Aux États-Unis, c'est **Michelle Phan** qui mène le bal avec plus de 8 millions d'abonnés : youtubeuse de la première heure, son aura est mondiale, un atout pour L'Oréal qui a signé un partenariat avec elle.

En France, elles s'appellent Enjoy Phoenix, Lilith Moon, Garance Doré ou Horia pour les plus célèbres. Ou encore Louann Tout Court, Léa Chipie, Betty Autier, ou BeautyMarieB pour la nouvelle génération. Elles prodiguent leurs conseils ou commentent les nouveautés produit dans des vidéos ou des tutoriaux, de façon très précise. Elles sélectionnent des produits parfois pointus mais à la portée de tous, comme le gommage de cuir chevelu à l'argousier de chez Oblepikha Siberica Professional, une marque russe, vendu chez Monoprix à 7 euros. Ou des produits plus exceptionnels, pour leur valeur de rêve. Les contenus qu'elles produisent sont perçus comme experts, émanant de personnalités accessibles, et non pas de stars intouchables, comme les actrices ou les top models, dont la vie nous semble bien éloignée de la nôtre. Ici, rien de tout cela. Il s'agit de ***« girls next door »***, des complices, estimées comme sincères et désintéressées, qui partagent les mêmes préoccupations que celles de leur audience. Certaines sont très jeunes, comme Anna, 18 ans, qui anime la chaîne HipposAndSmiles, suivie par plus de 100 000 abonnés. Leur style parvient à créer et fédérer des communautés, qui apprécient leur personnalité, et leurs points de vue parfois très tranchés *(« Les grains restent dans les cheveux, ça emmêle énormément les cheveux et il reste des grains dans la douche », « Et surtout ça pue, mais ça pue, mais c'est horrible, pour le dire de manière pas dégueu, ça sent le pipi sucré*[27] *»)*. Pour chacune, un ton, un style à cultiver, car la clé de leur crédibilité est leur authenticité, dont elles travaillent les codes avec attention. C'est elle qui fait

27. HipposAndSmiles, mars 2016.

percevoir leurs conseils comme désintéressés, et donc dignes de confiance. C'est aussi elle qui nous rapproche de ces filles presque ordinaires : elles sont accessibles, on peut leur demander des conseils, interagir avec elles. Des femmes auxquelles un consommateur **s'identifie volontiers, car elles parlent le même langage que lui**.

Leur audience est considérable, notamment auprès des jeunes qui fréquentent moins que leurs aînées les médias classiques – 43 % des femmes lisent de temps à autre des blogs ou regardent des vidéos de beauté sur Internet ; 70 % d'entre elles recherchent des conseils tecŸiques sur la beauté. Cela génère des chiffres d'audience supérieurs à ceux des stars du monde « classique » (actrices, chanteuses…) ou à la plupart des titres de la presse féminine. Marie Lopez, *alias* Enjoy Phoenix, qui a créé sa chaîne à 16 ans, est précurseur. Aujourd'hui, en cumulant son audience sur YouTube, Facebook, Instagram ou Twitter, elle affiche près de 8 millions d'abonnés[28]. Un vrai conte de fées, qui lui a permis de publier (à 19 ans !) un ouvrage sur sa vie et son œuvre[29], de collaborer à l'émission *Danse avec les stars* ou de devenir l'égérie de Lancôme.

Leur influence sur les comportements d'achat, leur pouvoir de prescription, est à la hauteur de leur audience. En donnant des avis positifs sur un produit, elles peuvent générer une explosion des ventes non prévue. D'où l'intérêt qu'elles présentent pour les marques qui les cajolent et leur envoient systématiquement leurs nouveautés dans

28. Marina Alcaraz, « Ces stars de YouTube qui font la mode et la beauté », *Les Echos*, 27 janvier 2016.
29. Marie Lopez, *#EnjoyMarie*, Anne Carrière, 2015.

l'espoir d'un commentaire positif. Plutôt que les égéries traditionnelles, stars de cinéma ou de la chanson, Estée Lauder a choisi Kendall Jenner, une inconnue du grand public, mais influenceuse sur le Net, qui rassemble une large communauté. Difficile de résister à l'attraction des marques et aux rémunérations qu'elles proposent. Maybelline a fait une très belle opération avec Enjoy Phoenix, intitulée « T'as pas du gloss ? ». Une série de vidéos postées sur YouTube et suivies par une très large audience. Des conseils, des tutos aidant, par exemple, à choisir le bon fond de teint. Résultat : *« 9 millions de pages vues partagées et une hausse significative en termes de parts de marché »*, précise Lubomira Rochet, la responsable digitale du Groupe L'Oréal dans une interview aux *Echos*[30].

Les limites de leur système : leur cote est fragile. Elles peuvent facilement basculer dans une spirale négative, découlant directement de leur succès. C'est le côté face de la crédibilité, la perception de récupération par les marques. Le phénomène de « peopolisation » casse la proximité et l'authenticité. Les opérations publicitaires, les vidéos sponsorisées par les marques brouillent l'image d'indépendance de jugement, l'impression de neutralité dans les commentaires, et peuvent dégrader l'audience de certains blogs.

Dans une sorte de mouvement de balancier, quand la confiance dans les autorités traditionnelles (l'État, les experts, la sphère politique…) tend à décliner,

30. Dominique Chapuis, « Beauté : pourquoi les marques cajolent les blogueuses », *Les Echos*, 11 février 2016.

la crédibilité des conseils de proximité, émis par des personnes qui nous ressemblent, s'en trouve renforcée. La proximité, le partage des expériences vécues font office d'autorité.

Quels enjeux pour le marketing sur les réseaux sociaux ?

1. Prendre ses distances avec le marketing traditionnel

Le marketing classique s'est construit sur le culte des 4P (produit, promotion/publicité, prix, place/distribution) et la notion de positionnement[31]. En résumé, l'objectif était d'identifier un point de supériorité ou de différenciation et de le répéter dans les grands médias. Cette USP (*Unique Selling Proposition*) faisait son travail de persuasion dans le temps, selon le bon vieux principe *« repetition is persuasion »*, jusqu'à créer de la préférence pour une marque ou changer les comportements de sa cible.

Le marketing digital, notamment sur les réseaux sociaux, n'utilise pas les mêmes approches. **Un changement de paradigme fondamental : passer du marketing de la persuasion à celui de l'engagement dans la marque.** Sur les réseaux sociaux, les registres relationnels ne doivent pas reprendre ceux de la publicité classique. Il faut désapprendre certains réflexes classiques et identifier d'autres logiques où la valorisation du produit ne

31. Notion inventée en 1972 par Al Ries et Jack Trout : *« Le positionnement est une bataille pour l'esprit. »*

joue pas un rôle majeur. On n'installe pas une USP sur Facebook. *« Créer une relation passe par d'autres choses que le produit,* nous rappelle Nicolas Poillot, *community manager* chez Danone. *Les marques se doivent de sortir de leurs discours commerciaux pour miser sur des connexions différentes avec les consommateurs : plus proches, plus intimes, plus personnelles, bref plus émotionnelles. »*

Il faut savoir apporter une valeur ajoutée à la conversation des fans tout en restant dans le cadre de compétence de la marque. Ou accepter de **lâcher prise**, de laisser les consommateurs s'emparer des codes de la marque pour se les réapproprier à leur façon. Un nouveau monde, très différent du marketing classique où tous les éléments du mix étaient sous le contrôle de la marque.

Les consommateurs ont un état d'esprit particulier quand ils sont sur les réseaux sociaux. Ils cherchent de la connexion, de l'échange, de l'« entertainment ». Il faut privilégier le fun, le ludisme… Bref, se situer comme un acteur du monde du divertissement, en prenant ses distances avec l'objectif de transaction commerciale. Ce changement de registre impose aussi de prendre acte du nouveau statut qui est donné à l'image et de proposer une communication plus émotionnelle et visuelle.

Il faut identifier des contenus aspirationnels, pertinents pour la marque, plutôt que de parler du produit. **Givenchy** est un des plus beaux succès du monde du luxe sur les réseaux sociaux. Avec plus de 6 millions de followers sur Instagram, Givenchy se démarque de ses concurrents (ou amis comme Céline, autre marque du Groupe LVMH qui a fait le choix de l'absence totale des réseaux sociaux). Une démarche en phase avec la personnalité de son styliste, Riccardo Tisci, très à l'aise avec le Web social. Celui-ci a parié sur la mise en scène, sur la page Facebook de la marque, de son amitié avec de nombreuses stars, comme Rihanna, Kim Kardashian ou Jay-Z. Plutôt que de parler de ses créations, il a créé un contenu, dont le rapport avec le produit est indirect, mais qui a toujours su trouver une audience forte. Cette présence s'accompagne d'événements forts et propres à créer le *buzz*, comme l'organisation à New York, le 11 septembre 2015, d'un défilé hommage, à l'occasion de l'ouverture d'un magasin phare à Madison. Un show géant, avec près de 2 500 invités, dont la moitié avait été tirée au sort après avoir candidaté sur Internet[32].

Oasis a lancé en 2012 sa plateforme de marque **Be Fruit** incarnée par ses petits personnages aux formes de fruits. Depuis plus de trois ans, c'est la première marque française sur Facebook, avec plus de 3 millions de fans. La marque a su abandonner les codes du marketing classique, pour inventer une manière de communiquer propre aux réseaux sociaux. La stratégie d'Oasis sur les réseaux sociaux illustre bien les différents points soulignés dans ce chapitre.

Tout d'abord une ligne directrice, le divertissement. Celui-ci passe par l'identification d'un vrai ton, un état d'esprit. Mais aussi par la création d'un monde, un univers où même le langage est différent, du fait de

32. Dominique Chapuis, « Givenchy, stratégie gagnante sur les réseaux sociaux », *Les Echos*, 3 février 2016.

l'intégration de noms de fruits déformés dans toutes les phrases ou presque. Plus question de vanter les vertus rafraîchissantes du produit ou sa naturalité, l'objectif principal est ici de divertir, voire de « faire marrer » avec un humour « déjanté » et impertinent, que certains fans aiment à commenter ainsi : « C'est nul mais rigolo. »

Cette ligne directrice passe par une bonne dose d'humilité. La marque ne donne pas de leçons. Elle traite tout sujet à partir du prisme de sa personnalité et de l'humour. Elle travaille beaucoup le temps réel. Elle diffuse des posts contextualisés qui rebondissent sur les succès du Web et les *buzz* du moment. Moins d'une heure après le *buzz* Nabila, elle postait : *« T'es un fruit et t'as pas de pépins ? Non mais à l'eau quoi ! »*

Elle reprend et détourne les grandes séries (*Game of Pommes* pour *Game of Thrones*). Elle flirte avec le monde du cinéma en proposant des parodies de films comme *Moi, moche et méchant 2*, qui sont relayées sur AlloCiné. Et diffuse cet esprit sur YouTube et Pinterest, ainsi que sur les mobiles avec l'appli Be Fruit. Son compte Twitter a permis à Oasis de se hisser à la première place des marques françaises sur le réseau. La marque profite pleinement des possibilités de réaction très rapide qui permettent les *retweets* en cascade. Elle opte pour des *live-tweets* des émissions préférées de sa cible comme *Top Chef*, ou *The Voice*.

Enfin, Oasis associe ses fans à son marketing. Elle les a incités à cocréer une série de T-shirts, en sélectionnant leurs meilleurs commentaires, et en les produisant en T-shirts vendus sur le site de la marque en édition limitée. Cette participation des fans à la création de T-shirts exclusifs a ensuite été mise en scène dans le cadre d'un événement sur mesure, la Fashion Kiweek. Un défilé de modèles fruits arborant les T-shirts cocréés. Un excellent prétexte pour de nombreux *retweets*.

Le marketing continue de changer. **Les vieilles recettes n'ont plus cours. Elles cèdent la place à la relation et à la création de contenus et d'univers de marques, qui créent de l'engagement en ligne**, comme en témoigne l'exemple d'Oasis ou de Givenchy. Deux constats s'imposent :

- il faut être avant tout ***« consumer centric »***, et non plus *« brand* ou *product centric »*. C'est-à-dire développer des discours et des actions qui partent du consommateur et de ses centres d'intérêt, plutôt que de s'ancrer dans une logique produit ;
- il faut savoir jusqu'où aller dans le divertissement, sans risquer de faire oublier la marque. Jusqu'où peut-on jouer avec les attributs des marques, les fameux ***« brand cues »*** ? La présence de la marque ou de ses produits est un dosage subtil, qui ne doit être ni trop insistant ni absent.

2. Engager un consommateur volatil et hypersollicité

On l'a vu, le consommateur digital est volatil et infidèle. Les marques doivent trouver les moyens de l'engager dans leur univers, afin de l'y garder le plus longtemps possible, et de l'impliquer dans les actions marketing. Pour y parvenir, plusieurs règles doivent être respectées.

Le défi du temps réel

D'abord, oublier les délais prévalant dans « le monde d'hier ». Pour les consommateurs digitaux, la notion de temps n'est plus tout à fait la même. L'exigence des consommateurs est montée d'un cran avec l'instantanéité des réseaux sociaux. **Ils sont devenus impatients**, ils attendent des réponses presque immédiates et veulent pouvoir entrer en contact en direct, pour résoudre leurs problèmes ou poser leurs questions. Plus question d'attendre, il faut réagir en temps réel. L'immédiateté devient une valeur, que ce soit dans les dialogues sur les réseaux sociaux, les différentes étapes du parcours client ou la communication.

Oreo a donné le ton lors de la finale du Super Bowl en 2014. Une coupure de courant est survenue lors du match, le plongeant dans l'obscurité et mettant fin, *de facto*, à la retransmission pour quelques minutes. Pendant que les consommateurs sont « dans le noir », Oreo envoie un *tweet « You can still dunk in the dark »*. Une pointe d'humour, du fait du double sens du mot *« dunk »*, qui fait référence à une passe au football américain et au fait de tremper son Oreo. Un *tweet* survenu en temps réel, comme si la marque était omnisciente et avait anticipé la coupure. Les internautes ont été « bluffés » par cette réactivité et n'ont pas attendu pour partager sur les réseaux sociaux. À la clé, un beau succès en « earned media ».

Comme le montre le cas Oreo, on ne se contente plus d'être réactif, il faut se mettre à l'heure du **« Real Time Marketing »** (RTM), même le week-end. L'ancrage dans l'actualité, voire dans l'instant, crée un trait d'union avec le monde physique, le réel.

Pour proposer des réponses satisfaisantes à cet enjeu de réactivité, une organisation est nécessaire. Au-delà des formats comme les *newsdesks* qui défilent en temps réel, et peuvent être automatisés, les actions *ad hoc* demandent la mobilisation de ressources plus importantes. C'est pourquoi certaines sociétés ont choisi d'intégrer les « *community managers* » de leurs agences digitales dans leurs propres locaux, dans des « *real time rooms* », afin d'être au plus près du marketing et des services juridiques, et de pouvoir répondre dans les meilleurs délais. Un impératif qui n'est pas sans poser quelques problèmes aux organismes qui ne peuvent se situer à ce niveau de réactivité. Les banques, par exemple, qui ont des délais incompressibles avant d'exécuter une opération, du fait de contraintes de sécurité.

Adopter une posture d'humilité

Le second impératif est de faire preuve d'humilité. Fini l'arrogance des marques globales et surpuissantes. Il faut se mettre dans une posture de dialogue entre égaux. Et bien intégrer l'idée soixante-huitarde qu'il est interdit d'interdire. C'est-à-dire, à titre d'exemple, de supprimer des contenus de la page Facebook de la marque. Cela pourrait même être contre-productif, tout mouvement d'une marque étant suivi et facilement détectable. Et générer le risque de donner de la visibilité et de l'importance à des informations qui n'en ont pas forcément. La seule solution, même en cas d'informations délicates, est de se situer dans une posture de dialogue.

Ne pas vouloir être partout

Les **consommateurs sont à la recherche d'expertise et d'échanges pertinents**, ainsi que de lieux où ils pourront nourrir leurs intérêts avec des gens qui leur ressemblent. Il faut donc avoir une stratégie média spécifique, c'est-à-dire choisir les réseaux sociaux les plus en affinité avec une marque et ne pas vouloir être présent sur tout le Web social. D'abord parce que chaque réseau est différent et a son propre fonctionnement, ses types de contenus « préférés », ses fonctionnalités spécifiques. Chacun a un ADN, une culture, une personnalité qui construisent une expérience différente. Snapchat n'est pas Twitter. C'est un ton différent, avec du fun, de la dérision, de l'exclusivité. Il faut bien comprendre, pour chaque marque, sur quel réseau se trouve sa cible prioritaire. Si l'on veut toucher les jeunes adolescents, Snapchat présente des atouts sérieux face à Facebook. Et adapter le ton qui convient le mieux pour l'engager, dans la culture du réseau où l'on se trouve. C'est ainsi que, dans le cas de sociétés ayant un portefeuille de plusieurs marques, comme Danone, des choix sont faits, selon les affinités entre les marques et les réseaux. Danette sera sur Facebook, alors que le programme serviciel du groupe Danone sera aussi sur Pinterest car son contenu se décline bien en images.

3. Utiliser au profit de la marque l'implication des consommateurs

Le consommateur digital, très impliqué sur les réseaux sociaux, n'est pas qu'une menace pour les marques. Loin de là. Il peut aussi se transformer **en atout marketing.**

Les « owned et earned media »

Dans le monde d'avant, il y avait seulement le « *paid media* » : il fallait payer pour acheter de l'espace publicitaire. Ensuite, il y a eu le « *owned media* » : le contenu dont une marque est propriétaire. Son site Internet, par exemple. Avec le Web social, cet arsenal s'enrichit du « *earned media* ». Il s'agit de proposer un événement, un contenu ou une expérience de marque tels que les réseaux sociaux vont se transformer en promoteurs de la marque et diffuser de manière virale des contenus.

Red Bull est devenu un maître du genre. Plutôt que d'utiliser les recettes publicitaires traditionnelles, la marque s'est lancée à bras-le-corps dans un marketing innovant. Elle s'est transformée en média et en producteur des contenus diffusés par ce média. Au commencement, le choix d'aller sur le thème des sports extrêmes. Un univers en rapport avec l'univers Red Bull, fait d'adrénaline, de passion, de sens du défi et de dépassement de soi. Une fois ce choix décidé, une stratégie de déploiement très volontariste a été déployée avec plus de 600 athlètes sous contrat. Red Bull s'est « approprié » un univers encore peu exploité par les marques et les médias, et s'en est fait le promoteur. La marque organise des événements comme le Red Bull Cliff World Series qui attire les plongeurs de haute voltige ou le Red Bull Crashed Ice World Championship qui réunit les fondus d'*ice-cross*, le patinage de descente extrême. Le **Red Bull Fighters International Freestyle Motocross** se déroule sur quatre continents.

Ces événements fournissent le contenu que Red Bull diffuse sur ses médias. Sa chaîne YouTube compte plus de

1,3 million de fans. À sa sortie, le film de long métrage produit par la marque, *The Art of Flight*, est un des films les plus téléchargés sur Netflix. Forte de ces succès, Red Bull a lancé sa propre chaîne TV sur Internet, couvrant l'ensemble des sports extrêmes et de l'aventure. La marque y fait peu de présence visuelle (il est important de ne pas en faire trop, selon son fondateur), mais elle est omniprésente.

L'ensemble des contenus, propriété de la marque (« *owned media* »), sont diffusés sur ses propres médias. Les consommateurs propagent ensuite ces contenus sur les réseaux sociaux et le « *earned media* » est au rendez-vous. Le saut depuis l'espace de Felix Baumgartner a constitué le temps fort de cette stratégie. Un événement hors-norme, qui a atteint une visibilité exceptionnelle. Le saut de Baumgartner depuis la stratosphère a été vu en direct par 8 millions d'internautes, et a généré 2 000 *tweets* par seconde. Il a été repris par les chaînes de télévision du monde entier. En réunissant 1,7 million de téléspectateurs ce soir-là, BFM TV a battu son record d'audience.

Snober la publicité et le marketing traditionnels, n'est-ce pas prendre le risque de créer de l'attachement à la marque, mais d'avoir peu d'impact sur les ventes si l'on ne met pas en avant une USP produit forte ? Non, selon le fondateur de Red Bull, Dietrich Mateschitz, qui rappelle cette idée fixe : *« Tout ce que nous entreprenons, nous le faisons pour vendre plus de canettes*[33]. »

33. Jean-Baptiste Diebold, « Red Bull, extrême communicant », *Challenges*, 25 janvier 2013.

Les consommateurs ambassadeurs

Le consommateur digital accepte souvent de s'impliquer pour les marques qu'il aime. Il en retire un sentiment de reconnaissance qui le distingue des autres au sein d'une communauté.

Nombre de marques choisissent de valoriser les consommateurs compétents et impliqués, et développent des stratégies de **User Generated Content (UGC)**. À ce titre, les « **programmes ambassadeurs** » visent à donner du statut à certains consommateurs, en échange de leur activité dans la communauté et de leurs actions de promotion d'une marque. Un statut *gold* valorise les consommateurs « méritants » et génère de l'implication, tant du côté de l'ambassadeur que de celui des autres internautes. Nike a développé l'opération « Instaposters » où elle a proposé à ses fans d'envoyer leurs photos et les a utilisées pour une campagne publicitaire. Calvin Klein demande à ses clients ce qu'ils font dans leur Calvin[34].

Toute une nouvelle génération de marques « digital natives » intègrent systématiquement le consommateur à leur marketing et l'utilisent pour faire la promotion de leurs produits. Souvent des marques de mode ou de cosmétiques, comme ELF (Eyes Lips Face), Benefit, Jimmy Fairly ou Mes chaussettes rouges. Les consommateurs sont valorisés par la marque qui publie des photos d'eux (en train de porter ses produits) sur Instagram et organise ensuite des actions marketing comme des jeux-concours.

34. Campagne #MyCalvins, 2016.

L'entraide entre internautes

Darty a mis à la disposition des internautes une plateforme : le « coaching » pour utiliser les appareils ménagers est directement dispensé par les internautes. Une fois enregistrés, ils peuvent aider les autres à l'utilisation et la découverte de leurs nouveaux produits.

Il en va de même pour le **Forum SFR** : une cinquantaine de consommateurs de la communauté deviennent de vrais ambassadeurs, et rendent service aux autres en leur donnant des trucs et astuces. Le Forum rétribue les internautes les plus actifs avec un statut et des badges d'experts en fonction de leur champ de compétences. Ces internautes actifs et passionnés, qui consacrent de leur temps pour répondre aux autres membres, sont les « membres d'honneur ». Ce sont des bénévoles, et ils sont en quelque sorte « ambassadeurs » de SFR. Leurs badges précisent dans quels domaines ils sont experts : offre mobile, ADSL Internet… On peut faire la demande de devenir « membre d'honneur » à un *community manager*. Au-delà des membres d'honneur, d'autres rangs existent : les « alchimistes », les « apprentis tailleurs de pierres » (les débutants), les « grands enchanteurs », etc. Ces statuts sont obtenus en fonction du nombre de *posts* et de « merci » exprimés par les autres membres de la communauté.

Dans le nouveau monde du marketing en train de se construire, **les consommateurs deviennent partie prenante des marques**. Prendre en compte ces changements implique de savoir mettre le consommateur digital au cœur de sa stratégie de marque.

4. Quel ROI sur les réseaux sociaux ?

Nombre de marques voient la courbe des *likes* sur les réseaux sociaux augmenter vertigineusement, et celle des ventes rester stable, voire régresser… Certaines opérations ont très bien transformé le succès sur les réseaux sociaux en ventes, d'autres n'ont eu aucun impact. La question du ROI des réseaux sociaux est un sujet du type « serpent de mer » qui anime les débats dans la communauté du marketing.

Il s'agit tout d'abord de se donner les bons objectifs : les réseaux sociaux font aussi un travail sur d'autres items que les ventes, comme la présence à l'esprit, la notoriété, l'implication dans la marque. La capacité des réseaux sociaux à créer un bruit positif sur une marque, en un temps record et à l'échelle mondiale, est déjà un but en soi. La vocation du marketing est aussi de travailler sur l'ensemble de ces indicateurs, et pas seulement sur les ventes. Se donner des objectifs précis est déjà un sujet, comme le rappelle Paul Cordina, le marketing manager de Nescafé, qui définit un social ROI prenant en compte différents indicateurs comme la visibilité, l'acquisition, la recommandation, l'engagement, ou la tonalité[35]…

Le deuxième point pour viser l'efficacité est de ne pas déconnecter les actions sur les réseaux sociaux du reste de la politique marketing. **Chacun des rouages du marketing mix doit être cohérent.** Les réseaux

35. Interview de Paul Cordina dans *Marketing Magazine*, février-mars 2016.

sociaux ne sont pas un monde parallèle, déconnecté des autres. Chacun des points de contact entre une marque et ses publics doit véhiculer un message similaire. Si le style que l'on se donne sur les réseaux sociaux n'est pas en symbiose avec les messages exprimés sur l'emballage ou sur le point de vente, la magie n'opère pas de la même manière et le succès en *likes* peut n'être qu'un coup d'épée dans l'eau.

Le troisième point concerne le combat entre les réseaux sociaux et les marques au sujet de la **maîtrise de la conversation**. Actuellement, sur les réseaux sociaux, les marques ne maîtrisent pas les données. Elles ne connaissent même pas le profil des membres de leur page Facebook. Tout appartient aux plateformes qui monétisent les informations. Et peuvent même vendre des informations issues de vos consommateurs à d'autres marques. Développer la conversation en ligne requiert une implication pérenne et réfléchie. En cas d'arrêt de deux semaines, la communauté disparaît et toute relance est compliquée. On ne partage pas une pub qu'un ami a déjà partagée : il faut créer des contenus sans cesse renouvelés. Difficile de mettre en place tous ces investissements sur des réseaux sociaux où les informations-clés sur votre propre communauté vous échappent.

C'est pourquoi nombre de marques essaient de récupérer la conversation à leur sujet sur leur propre réseau social. Aux États-Unis, la chaîne Taco Bell a fermé tous ses réseaux sociaux pendant trois jours et créé une nouvelle application de services « onlyintheapp » destinée à rediriger tous les fans sur un média propriétaire, directement géré par la marque. En France la **MAIF** l'a fait en s'engageant « pour une société collaborative » et créant son propre site : « Maifsocialclub », où l'on propose aux sociétaires de partager leurs points de vue, ou de bénéficier d'offres spéciales. Ce site, à composante collaborative, permet aux consommateurs partenaires et aux collaborateurs de se retrouver sur une même plateforme collaborative « propriétaire ».

Derrière ce type d'initiatives, l'espoir d'un mariage entre le CRM, qui permet de travailler les profils des membres de la communauté, et le réseau social. Un mariage qui est encore blanc du côté des réseaux sociaux classiques, qui ne communiquent pas les profils de leurs membres et empêchent donc les marques de travailler sur les dimensions relationnelles.

★★★

« Les marques sur Internet, je les préfère quand ce ne sont pas elles qui viennent me trouver », nous déclarait une consommatrice. Dans le monde digital, et notamment les réseaux sociaux, les marques marchent sur des œufs. À l'heure où c'est le consommateur qui choisit d'aller vers les marques, et non plus seulement elles qui viennent à lui, ou qui s'imposent à lui, elles doivent réévaluer leur politique marketing, jusqu'à désapprendre certains réflexes. **On ne s'impose plus aux gens, on crée, au contraire, les conditions pour que ce soit eux qui viennent à nous.**

Il faut, pour cela, développer des discours et des actions sourcés dans le style de vie, les centres d'intérêt ou les valeurs des consommateurs, plutôt que de s'ancrer dans une logique de valorisation du produit ou de la marque. Un travail d'équilibriste car la présence de la marque doit être subtilement dosée, ni trop insistante ni absente. Le divertissement, le contenu social, oui, mais en cohérence avec l'ADN de la marque et sans risquer de faire oublier celle-ci.

3
L'âge du mobile

Pour le grand public, le téléphone mobile est né en 1995. La bataille entre les opérateurs a d'abord porté sur des enjeux de couverture. Ceux de plus de 40 ans se souviennent des campagnes SFR où l'on voyait des gens dans des endroits inattendus comme une remontée mécanique, accompagnés d'une simple question : « Devine d'où je t'appelle ? » Un message simple et impactant pour un outil qui restait centré sur un usage : appeler et pouvoir être appelé. Que de chemin parcouru depuis !

Le mobile a prouvé par le passé sa capacité à évoluer. Les consommateurs se sont vite approprié cet outil et ont inventé de nouveaux usages. La décennie 1995-2005 a vu l'explosion du mobile centré sur l'usage voix. Les années 2005-2006 ont été marquées par le lancement de la 3G et de l'iPhone. La hausse de performance des réseaux dont le débit a rapidement progressé et l'augmentation de la taille d'écran des terminaux, générant de nouveaux usages, sont les deux événements qui ont permis le passage à l'ère du smartphone.

Un objet identitaire

Du fait de son écran qui permet l'accès en mobilité aux contenus connectés, le lien avec notre mobile est de plus en plus fort. Il est toujours avec nous, simple et pratique, nous l'utilisons sans discontinuer.

Quelques chiffres sur la fréquence d'usage, mentionnés dans une étude Deloitte[36], suffisent à s'en convaincre :

- 70 % des Français ont un smartphone et, collectivement, ils les consultent plus de 900 millions de fois par jour. Et 87 % des individus l'utilisent ;
- 38 % des utilisateurs de smartphone consultent en moyenne dix fois par jour leur mobile, 28 % le consultent entre 11 et 25 fois par jour, 14 % entre 26 et 50 fois, 6 % entre 51 et 100 fois. Ces chiffres portent sur l'ensemble de la population. Chez les 18-24 ans, ils sont bien supérieurs ;
- 16 % des utilisateurs de smartphone utilisent leur « *device* » dans les 5 minutes après leur réveil (35 % chez les 18-24 ans), 59 % dans l'heure après leur réveil (en général pour consulter leurs e-mails).

Le smartphone est en passe de devenir la première clé d'accès à l'Internet… Jusqu'à présent, celui-ci se faisait essentiellement depuis nos ordinateurs fixes ou portables. La dynamique est celle du déplacement des usages de l'ordinateur vers le mobile, qui occupe une part croissante du temps passé devant les écrans.

On consulte son smartphone depuis toutes sortes d'endroits, même les plus improbables, en marchant dans la rue, à table ou même… aux toilettes (une personne

36. "Usages Mobiles 2015. A Game of Phones", portant sur 2 000 Français.

sur deux). Il couvre presque tous nos moments de vie. Il suffit de prendre les transports en commun pour le réaliser. Lors des déplacements quotidiens, dans les trains de banlieue par exemple, un bon tiers des usagers s'occupent en consultant leur smartphone qui devient l'« **outil de l'instant** » et permet d'obtenir une réponse immédiate à la moindre question. Des usages qui sont encore beaucoup plus avancés en Asie, qu'il s'agisse de Shanghai, Tokyo ou Séoul, comme des autres grandes métropoles.

Le smartphone a su s'imposer comme le « *device* » de l'**intimité.** Il contient nos SMS les plus personnels, nos photos de vacances, nos jeux favoris, nos notes prises sur le vif, les applications de nos marques et services préférés. On entretient avec lui un rapport quasi compulsif, qui peut aller jusqu'à générer une relation de dépendance. Montre-moi ton smartphone, je te dirai qui tu es... Aucun objet de consommation n'est plus identitaire qu'un smartphone, qui est devenu un véritable **prolongement de soi** !

Un sésame pour l'Internet mobile

Le smartphone est en passe de devenir l'accès principal aux contenus connectés. Où que l'on soit, à n'importe quel moment de vie, on peut accéder à l'Internet, et notamment aux réseaux sociaux. Pour des usages qui balaient tous les centres d'intérêt, allant de l'écoute de musique en « streaming » à la consultation de son compte Instagram.

En 2015, 70 % des connexions à Facebook se sont faites depuis un smartphone. Un chiffre atteint en trois ans seulement ! Une dynamique « mobile first » que l'on retrouve dans la consommation de musique en ligne. En juin 2015, 55 % des visiteurs uniques de Deezer s'y sont connectés *via* leur smartphone. La relative petite taille des écrans n'est pas un obstacle à la consultation de vidéos en ligne : 58 % du temps passé à regarder des contenus vidéo sur Internet se fait depuis un smartphone. De manière générale, c'est, en octobre 2015, 43,7 % des accès à Internet qui sont faits depuis un mobile[37]. L'accès à nos e-mails se fait aussi de plus en plus par le smartphone. Le taux d'ouverture des e-mails sur smartphone approchait les 50 % à la fin 2015. Selon Renaud Menérat, président de la Mobile Marketing Association France[38], nous basculons dans une audience Internet prioritairement mobile. Au point que, même Google a changé en avril 2015 son algorithme en priorisant désormais les sites « *mobile friendly* ». Une dynamique globale, l'Inde (65 % du trafic Internet y est fait depuis un mobile) ou la Corée (70 % du trafic Internet depuis un mobile) étant déjà « *mobile first* ».

Le smartphone nous permet de transformer le temps creux en temps plein pendant nos trajets. Il nous accompagne dans tous nos déplacements et nous offre l'accessibilité à l'information ou au divertissement en temps réel, d'où que l'on soit. Il est devenu l'**instrument type de la mobilité**. Grâce au développement

37. Source : Médiamétrie.
38. Interview dans *Stratégies*, 5 janvier 2015.

des réseaux 4G, d'une part, de la puissance et de la connectivité des smartphones, d'autre part, la connexion en mobilité se banalise.

Le déploiement du réseau pour couvrir les zones nomades en témoigne. La RATP investit pour proposer sur l'ensemble des stations du métro parisien l'accès en 3 ou 4G. La SNCF souhaite faciliter la connexion à bord des trains et des RER. Les villes se rêvent en *« smart cities »*, des villes connectées où le réseau contrôle la gestion énergétique, ainsi que les flux, et fournit aux internautes un accès gratuit à Internet par *hotspots* wifi disponibles à différents endroits prioritaires.

Concentré de services

De plus en plus de **services** du quotidien passent par le smartphone : avec lui, on ne se sent jamais perdu, il nous assiste dans nos itinéraires, nous permet de trouver facilement les commerces et les services à proximité, ou d'obtenir des informations sur les lieux que l'on croise. Une simple sortie ne s'organise plus de la même façon : des applications comme « Urban Pulse » nous aident à être au courant de tous les spectacles de notre ville et des meilleurs moyens de transport pour y parvenir. Une fois le restaurant choisi, on peut réserver une table *via* une app et bénéficier d'un tarif privilégié, choisir une enseigne bien cotée par la communauté, régler l'addition, donner un avis, consulter celui des autres…

Tous les domaines de notre vie sont impactés par le mobile, à court et moyen terme. Penchons-nous plus en détail sur le domaine de la santé, où les initiatives foisonnent.

Avec le développement des objets connectés (bracelets, capteurs, balances, et même des fourchettes), les applications santé/bien-être colonisent nos mobiles. La masse de data produite au quotidien à travers ces objets et analysée (plus ou moins en profondeur) *via* leurs interfaces de gestion nous permet de tout connaître sur nos comportements alimentaires et sportifs, et donc de mieux contrôler notre forme globale. Ces objets et les « apps » qui y sont liées servent à la fois à effectuer un suivi et à nous informer pour nous proposer une meilleure maîtrise de notre santé. Mais ils servent également de garde-fous : beaucoup envoient des rappels, donnent des conseils, cherchent à orienter nos comportements par des *« nudges*[39] *»* réguliers, pour nous aider à perdre nos mauvaises habitudes, nous garder motivé et nous pousser à nous dépasser (souvent en activant notre sentiment de culpabilité malgré tout...).

Parallèlement, des applications de conseils *lifestyle* et sportifs pour se maintenir en bonne santé ont été développées et téléchargées en masse. Elles s'appellent « 7 Minute Workout » (application de pratiques sportives), « MyFitnessPal » (journaux personnels santé & alimentaire) ou « PumpUp » (communautés santé & fitness). On peut aussi trouver des applications nous rappelant de prendre nos traitements, des programmes de motivation,

39. *Nudge* : concept issu de l'économie comportementale qui signifie une petite incitation qui aide à prendre une décision ou à adopter un comportement.

des journaux de coaching *lifestyle*, de cuisine équilibrée, ou encore de méditation/yoga. Sur le Play Store (plateforme de téléchargement d'apps de Google), au cours de l'année 2014, la catégorie *health & fitness* a connu la plus forte croissance[40], montrant bien notre intérêt croissant pour la gestion de notre bien-être et de notre santé *via* des offres de solutions digitales.

L'arrivée de l'application « Santé » d'Apple nous fait entrevoir le futur de la gestion virtuelle de notre santé. Alors qu'il est de moins en moins étonnant de croiser quelqu'un qui vous parle du nombre de pas qu'il a effectués dans sa journée, la notion du carnet de santé électronique centralisant toutes nos données de santé est encore lointaine. Pourtant, c'est cela qu'Apple a imaginé avec son application. En permettant de synchroniser des objets connectés multiples et des applications diverses sur une seule et même plateforme, la marque nous donne la possibilité de centraliser, en un seul et même endroit, toutes nos informations santé, gérées digitalement. Pression sanguine, rythme cardiaque, nombre de pas à la journée, absorption calorique, suivi de glycémie, masse graisseuse *versus* masse musculaire, etc. : tout y est ! Comme le précise Apple : *« L'App Santé réunit toutes les données en un même endroit accessible d'un toucher, et vous donne un aperçu clair et actualisé de votre état de santé. »*

Enfin, à l'heure où notre mobile nous suit potentiellement partout, il devient un outil de prévention. Qu'il

40. Source : http://www.digitaltrends.com/mobile/google-play-store-2014-most-downloaded-apps/.

serve de système d'alerte au moment même d'une crise cardiaque, qu'il accompagne un malade dans son suivi de traitement, ou qu'il détecte les signes de faiblesse et de chutes d'une personne âgée, les opportunités sont multiples quant à ses possibilités d'aider de nombreuses populations à risque au quotidien.

Conçu comme un simple outil de communication téléphonique, le smartphone évolue. Il met l'emphase sur le mot « smart » plus que sur « phone ». Les services toujours plus nombreux qu'il nous rend, comptent parmi ses principaux atouts.

Et demain ?

Le smartphone garde de nombreux atouts en main, mais sa suprématie va être disputée avec le développement des objets connectés, l'« **Internet des objets**[41] ». Il s'agit, pour la plupart, d'objets qui existent déjà, comme une voiture ou un compteur électrique, et qui peuvent (et pourront de mieux en mieux) accéder au réseau. Ils communiqueront avec nous et entre eux, *via* notre « cloud personnel ». Demain, notre voiture sera connectée, notre canapé, notre machine à laver, nos bracelets, notre montre, ou notre compteur électrique... Les objets de notre quotidien seront enrichis, ils auront plus de vitesse, ou d'ubiquité. Leur rôle dans notre quotidien comme dans le monde professionnel en fait un des points centraux de la transformation digitale en cours.

41. Souvent appelé « IOT » pour *Internet of Things*.

Face à cette nouvelle concurrence, la place du smartphone peut évoluer. Soit il parviendra à se maintenir au cœur de notre écosystème digital personnel, et il sera alors le maître de tous les objets connectés de notre vie digitale. Soit, au contraire, il perdra de sa splendeur, du fait du développement d'alternatives, et d'autres objets parviendront à s'imposer. Notre vie digitale ne sera alors plus centrée sur un « *device* », mais sur plusieurs.

Quels enjeux pour le marketing sur mobile ?

Cette omniprésence dans notre quotidien ne pouvait manquer de susciter l'intérêt du marketing et de la publicité, qui doivent inventer de nouvelles approches visant à maximiser les expériences de leurs clients sur mobile. Le marketing sur mobile est un monde qui s'invente, un territoire à conquérir et les marques en font leur champ d'expérimentation favori.

Il passe par trois enjeux clés : les applis, l'achat et le paiement sans contact, la publicité sur mobile.

Les applis : un nouvel eldorado pour les marques ?

Lancées il y a encore peu de temps, les applis ont connu un succès éclair. L'effet de mode, l'attrait de la nouveauté ou simplement l'envie d'expérimenter, ont incité le consommateur digital à s'équiper. Selon Médiamétrie, on compte en moyenne 29 applications installées chez les personnes équipées de smartphones. Il s'agit d'applis de jeux, de messagerie (WhatsApp, Telegram, Messenger, WeChat...), de banques, de transports, de santé, ou de services comme la livraison de repas au bureau. À tous nos besoins ou presque, une app peut répondre et nous apporter des solutions dans l'instant.

Le boom s'explique par plusieurs facteurs. Le marché est mature, le taux de pénétration des smartphones très élevé, et la multiplication des sources de connexion (montres connectées, bracelets, TV connectée...) laisse entrevoir un bel avenir aux applis. L'essor du commerce mobile passera de plus en plus souvent par des apps et va même faciliter l'augmentation de leur taux d'équipement. Alors, qu'attend-on d'une app ?

Toujours à portée de la main avec notre smartphone, elle nous rend de nombreux **services**, facilitateurs du quotidien. Nous repérer dans une ville, trouver un restaurant, savoir si notre vol est maintenu un jour de grève, nous renseigner sur la circulation en temps réel... Infinies sont les nouvelles possibilités offertes par les apps qui, mises bout à bout, changent notre vie de tous les jours. C'est aussi le territoire d'expression naturel du *gaming*. Pokemon Go, Candy Crush, Clash of Clans, Monument Valley (le jeu préféré de Frank Underwood dans la série *House of Cards*) sont les plus populaires. Elles sont aussi le territoire d'expression privilégié du **coaching** : coaching sportif, journaux alimentaires, conseils *lifestyle* grâce à des applications de contenus ou de conseil. Elles facilitent notre consommation média, *via* les applications des grands médias et des *pure players*. Ou, enfin, elles nous aident à nous repérer par la **curation de contenu**, c'est-à-dire la sélection, l'édition et le partage de contenus du Web, pertinents sur un sujet donné.

En résumé, les applis représentent un gain de temps potentiel grâce à leurs services et aident aussi à tuer le temps en nous occupant dans nos moments creux.

Les **marques ne sont pas passées à côté de ce phénomène**. Séduites par le potentiel de l'outil, elles se sont mises à créer de nombreuses apps, y voyant un excellent vecteur de relation avec leurs consommateurs. Qu'elle facilite les interactions entre une marque et ses publics, ou qu'elle les coache, comme le fait bien Weight Watchers, ou encore qu'elle leur propose des jeux ou des contenus, l'app est un nouvel outil marketing. En passant par le smartphone, elle permet à une marque de s'ancrer **dans le quotidien de ses cibles** et de renforcer le lien qui l'unit à ses consommateurs.

Mais tout ne va pas pour autant aussi bien que ce panorama pourrait le laisser imaginer. Les **apps de marque sont confrontées à un enjeu d'émergence**. Les apps sont victimes de leur succès : trop d'apps tue les apps. Elles ressortent généralement peu, parmi les applis les plus téléchargées sur l'App Store ou sur Google Play. Le consommateur digital s'oriente plus spontanément vers d'autres sources d'apps, plus utiles dans son quotidien. Les apps les plus utilisées sont, de loin, les réseaux sociaux ou les jeux. On estime que sur 35 apps téléchargées, 12 ne sont jamais ouvertes, et que le taux de rétention d'une app serait de 10 % au jour 7 et de seulement 3 % après un mois. Sur les 29 apps en moyenne qui peuplent nos smartphones, seules 6 sont installées de façon pérenne et génèrent des usages fréquents. Si l'on prend en compte les 4 « obligatoires » type banque ou transports… il n'en reste que 2 pour les marques ! Pour lesquelles la lutte va être coriace.

À l'installation succède la désinstallation rapide en cas de non-adoption ou de lassitude. Assez vite, le mobinaute se désintéresse de celles qu'il n'utilise pas et les désinstalle. Une démarche qui est à portée de clic et qui nourrit le cimetière des apps, un espace déjà bien rempli.

Pour dépasser ce problème, les marques doivent revoir leurs priorités. Faire télécharger une app n'est pas un objectif en soi. L'enjeu est qu'elle soit **utilisée**, seule garantie qu'elle devienne **pérenne**. Le consommateur digital est attiré par la nouveauté, il se désintéresse aussi vite d'un contenu qu'il l'a adopté. Il se lasse vite d'une app si elle ne parvient pas à se renouveler, à vivre en proposant des fonctions nouvelles au fil du temps.

Une stratégie déployée par Renault avec, d'une part, la rationalisation du portefeuille d'apps. La marque en avait dénombré plus de 400 au niveau mondial, elle se focalise sur deux d'entre elles : une app destinée aux prospects et l'autre aux clients. D'autre part, la volonté d'apporter un bénéfice réel pour pouvoir s'inscrire dans les usages. Qu'il s'agisse d'information (la météo là où l'on se trouve), de divertissement, de contenus pédagogiques ou de services, le plus petit dénominateur commun est de penser « bénéfice » pour l'usager, et non de raisonner sur l'app elle-même. À ce titre, l'app MyRenault permet aux propriétaires de Renault de bénéficier de services comme la possibilité de préchauffer une voiture, ou de l'ouvrir/fermer à distance. L'app doit être anglée sur un bénéfice précis. Mieux vaut qu'elle ait une spécialité, plutôt qu'un positionnement fourre-tout.

Focus sur Milka Biscuit Saga : le succès d'une app de *gaming*

Fin janvier 2015, Milka a sorti une application de mini-jeux mobiles, permettant de connecter 2 à 9 mobiles pour jouer ensemble, dans le but de promouvoir sa marque Milka Biscuit, récemment créée.

Le côté innovant du projet réside dans deux points. D'abord, fini les jeux chacun de son côté, comme on en trouve traditionnellement sur le mobile : le jeu Milka a pour but de joindre les mobiles, afin de jouer à plusieurs et de partager des moments ensemble. Ensuite, il y avait un véritable défi tecÚologique : il ne s'agissait pas de jouer chacun sur son écran, mais de jouer de manière coordonnée avec tous les écrans reliés, côte à côte, chacun pouvant intervenir sur les différents écrans.

Milka Biscuit Saga a été numéro 1 des téléchargements plusieurs semaines, proche des applis stars comme Snapchat. En un mois, elle a donné lieu à plus d'un million de téléchargements, plus de 16 millions de parties jouées, soit une moyenne de 4 minutes de jeu par jour par utilisateur. Cette initiative s'est traduite dans les ventes par un bond de + 17 %.

Créer de l'implication dans une app en adoptant un modèle freemium

La gratuité est dans l'ADN du Web, mais elle impacte les *business models* de nombreuses entreprises. Le modèle du « freemium » est venu entraver le mouvement démarré vers le tout-gratuit, pour réintroduire du payant, et donc une échelle de valeur, dans les offres de services et contenus digitaux.

Le freemium peut être une solution pour impliquer les consommateurs dans des apps vraiment utiles à leurs yeux. L'approche se présente sous différentes manières :

- certains paient, d'autres ne paient pas. Ce sera le modèle des sites et applications de rencontres, par exemple, repris aussi par des services de marketplaces (les boutiques et marques installées payent, alors que les particuliers peuvent proposer leurs offres sans frais) ;
- la gratuité avec des quotas permet de poser une limite à ce qui peut être consommé. C'est le modèle adopté par de nombreux journaux et magazines, qui limitent en accès gratuit la consultation de leurs contenus. C'est le modèle de Spotify, qui laisse le choix entre la gratuité et des messages publicitaires toutes les 6 chansons, ou le paiement de 9,90 euros par mois et l'absence de publicité associée à la possibilité de choisir ses musiques et leur ordre de passage ;
- le modèle offre basique *versus* offre premium permet à un éditeur de contenu de proposer une version simple, gratuite pour tous, de manière illimitée (avec une moindre qualité, une présence de publicité, etc.), avec la possibilité d'une montée en gamme pour passer à un service payant donnant accès à des contenus de qualité, ou débloquer des fonctionnalités qui améliorent l'expérience.

Le freemium est un modèle qui se diffuse, notamment chez les éditeurs et pour les jeux mobiles, car il lève la barrière à l'entrée, au moment du téléchargement, et permet un recrutement plus large de joueurs. Une fois le jeu découvert, s'il plaît et que les joueurs veulent aller plus loin (achat de *goodies*, d'équipements, accélération de jeu, aide pour passer certaines étapes, etc.), ils sont amenés à découvrir les offres payantes. C'est le cas des très populaires jeux Clash of Clans ou Candy Crush, où chacun peut jouer gratuitement, mais où l'avancement dans le jeu à un certain stade peut être grandement facilité en basculant dans le modèle payant.

Acheter mobile

Le mobile est le prolongement de nous-même. Il nous accompagne dans tous nos déplacements et se situe donc au cœur des expériences d'achat. On peut l'utiliser pendant l'acte d'achat, par exemple pour texter une photo d'un produit à un ami ou à sa famille. On peut aussi l'utiliser pour payer. Demain, la proportion de nos **paiements sans contact**, directement faits à partir de notre mobile ou carte bancaire va augmenter. Une façon de payer qui est déjà opérationnelle pour les achats de moins de 20 euros. Avec le développement du **paiement *one click*** le mobile va occuper une place de plus en plus centrale dans notre vie de consommateurs digitaux. Il simplifiera l'acte d'achat. Uber en a déjà fait un point de compétitivité par rapport aux taxis classiques : on ne paie pas le conducteur, ni par carte de crédit ni en sortant de l'argent. On paie en un clic et l'on est débité ultérieurement.

Le paiement sur mobile va simplifier l'acte d'achat en ôtant la dimension déplaisante du paiement, qu'il s'agisse de rentrer son code de carte bleue ou de donner des informations personnelles. Ce mode de paiement, plus fluide et intuitif, assimilé à une « *quick action*[42] », va

42. *Quick action* : tendance du Web visant à proposer des actions toujours plus rapides et simples, pour maximiser l'expérience utilisateur.

se développer, notamment du fait des applis de marque en lien avec nos cartes bancaires, qui géreront en un clic le paiement d'un billet de train ou d'une place de cinéma.

Sur notre demande, notre téléphone, équipé de technologies de plus en plus performantes (LBS, iBeacon, puce RFID…), peut nous géolocaliser. En téléchargeant une app, il permet de recevoir des offres à proximité de là où l'on se trouve (restaurants, cinémas, centres commerciaux…). Déjà très répandues aux États-Unis, ces approches se développent en Europe où les marques expérimentent et se situent dans une logique d'apprentissage. Pour créer du trafic et rendre plus interactive la visite en magasin, Celio propose une app qui permet de bénéficier d'offres spéciales, disponibles uniquement quand on est en magasin.

Demain, nous allons découvrir les nouvelles possibilités créées par le **croisement de la géolocalisation et du programmatique.** Cela passera par le fait de pouvoir être localisé et identifié là où l'on se trouve, et de croiser ces informations avec ce que l'on sait de nous (grâce au programmatique[43]), ce qui ouvre le champ à de nouvelles possibilités.

Avant, un client qui désirait acheter un polo, partait le chercher à Rosny 2, sans être sûr de le trouver, ni de faire une bonne affaire.

43. Voir chapitre 4 sur le big data pour une définition plus précise du programmatique.

Aujourd'hui : il arrive à Rosny 2, qui le sait grâce à la puce RFID qui équipe son téléphone. Et qui connaît aussi, par l'analyse de son surf passé, son intérêt pour un polo de couleur verte. Les enseignes intéressées envoient des messages push, prenant en compte ses goûts et ses couleurs, et proposant le produit à un tarif promotionnel. Résultat : perdre moins de temps pour trouver le bon produit et faire de meilleures affaires. Une valeur ajoutée significative pour le consommateur digital.

Accepter de désapprendre

Le développement du marketing digital sur l'économie collaborative ou les réseaux sociaux n'a pas emprunté les mêmes schémas que ceux qui avaient fait leurs preuves dans les médias traditionnels. Il en va de même sur le mobile.

Au sein du monde digital, chaque média a son langage. Il faut s'y adapter et savoir s'échapper des tecŸiques acquises sur d'autres médias. Réussir à capter le consommateur digital sur mobile, c'est accepter de recommencer son processus d'apprentissage depuis le début. Il faut désapprendre, et comprendre ce dont les consommateurs ont envie quand ils sont sur leur mobile, afin d'inventer **les nouvelles grammaires éditoriales et publicitaires sur mobile**. Lors du lancement du marketing digital, il a fallu désapprendre les réflexes du marketing classique. Pour réussir son développement marketing sur mobile, le piège à éviter est de reproduire les approches du marketing digital classique.

Des modes d'expression différents

Les usages sur mobile sont différents des usages Internet « classiques », les codes ne sont pas les mêmes. Quand ils sont sur mobile, les motivations, les attentes et surtout l'expérience de navigation des consommateurs digitaux diffèrent. Ils affectionnent les textes courts, qui vont **droit au but.** Ils ne veulent pas perdre de temps, ou chercher un contenu trop longtemps. Ils veulent de la rapidité et de l'efficacité.

Et un ton à part. Pour meubler un parcours de train ou de métro, inutile de faire appel à Emmanuel Kant. Le ton doit rester léger et ne pas intellectualiser ou complexifier sans raison.

Sur mobile, le consommateur digital valorise les contenus visuels et un **ton divertissant**. Le mode « fun » reste la dominante. On jette un regard rapide sur l'écran du mobile, on esquisse un sourire et on passe à autre chose. Le succès de Snapchat en témoigne, qui fonctionne essentiellement sur le trait d'humour et l'autodérision pris sur l'instant.

Entre digital « classique » et monde du mobile, les approches diffèrent et la reproduction des schémas de l'Internet traditionnel n'est pas la meilleure approche pour capter et fidéliser les consommateurs.

Focus sur le marché de la rencontre

Si les Happn, Grindr, Once et autres Tinder inquiètent tant les sites de rencontres « installés » tels que Meetic, c'est parce qu'ils ont révolutionné l'expérience client du « dating » avec une vision spécifique au mobile. Comment ?

- Une **inscription simplifiée** : avec moins de « champs » à remplir que sur les sites de rencontres traditionnels, on peut très vite passer à l'action. Le focus se fait davantage sur le visuel (photo de profil) que sur les descriptifs (c'est le *chat* qui permet ensuite de mieux connaître la personne). Sur Grindr, on charge sa photo de profil, sa taille, son poids, et un court message de présentation avant que le radar ne se mette en marche. Le rattachement fréquent à la page Facebook permet d'éviter les faux profils et simplifie l'inscription : il suffit de charger un profil déjà existant.
- Une **navigation parmi les profils simplifiée** : c'est la vraie révolution. Plutôt que de donner l'impression d'être perdu dans un annuaire ou d'être sur un site immobilier, la recherche devient ludique et intuitive, se résumant souvent à un seul geste. Sur Tinder, les utilisateurs font défiler sur écran les profils en fonction de deux critères seulement : l'âge et la proximité géographique. C'est encore plus facile sur Once, où, en accord avec son concept de « *slow dating* », un profil par jour est proposé.
- La **géolocalisation** permet de se voir proposer des profils qui sont à proximité. Une différence qui est le facteur clé du succès récent de Happn. Elle accentue la praticité et surtout le réalisme des rencontres digitales qui sont faites. De l'inscription au *match*, et à la rencontre, tout le process est fluidifié pour que cela soit rapide et facile (soit tout l'inverse des rencontres dans la vie réelle).

Ces sites ont été pensés par le mobile et pour le mobile, quand Meetic n'a proposé qu'une adaptation sur mobile de ce qui était fait sur le « online » classique. Une erreur qu'avaient déjà faite en leur temps les magazines papier, comme *Elle* ou *Première*, qui ont laissé passer la vague digitale au profit d'une nouvelle génération de « *pure players* » : Aufeminin.com ou Allociné.fr.

L'intelligence artificielle au secours de la relation client

La division « Google Brain », à l'origine du système AlphaGo ayant battu Lee Sedol, le champion du monde du jeu de go, en 2016 à Séoul, a bien compris le potentiel de l'IA (l'intelligence artificielle) et intensifie ses recherches.

La relation au temps du consommateur digital n'est pas celle des générations précédentes. Elle privilégie l'instantanéité. Pour mieux répondre à cette attente de temps réel, les marques font appel à l'intelligence artificielle, dont les performances progressent rapidement.

Pour plus de réactivité dans leur modération, et une meilleure capacité à filtrer en temps réel les messages haineux, les réseaux sociaux se tournent vers l'IA, dont les programmes peuvent identifier le contenu d'une image. Facebook souligne qu'*« aujourd'hui nous avons plus de photos offensantes signalées par des algorithmes d'intelligence artificielle que par des humains »* et travaille, avec DeepText, à un programme similaire pour *« comprendre avec une précision quasi humaine le contenu textuel de plusieurs milliers de publications par seconde dans plus de vingt langues*[44] *»*.

Le monde de l'IA, c'est aussi les *chatbots*, **un nouvel outil pour le marketing qui permet d'« instantanéiser » la relation avec les consommateurs** et se développe rapidement. Il s'agit d'agents conversationnels au service des marques : des programmes d'intelligence artificielle, posant des questions et proposant des réponses sensées afin de recréer le sentiment de converser avec une personne. Grâce à eux, la relation client fonctionne dans l'instantanéité. Sephora en a introduit un dans son application aux États-Unis pour conseiller ses consommatrices dans leurs choix. Taco Bell a mis en place un *chatbot* dans l'interface Slack pour permettre

---

44. Cité dans *Le Monde* du 8 juin 2016.

de commander un déjeuner sans sortir de son lieu de travail. Et, en mai 2016, c'est Burger King qui permet à ses consommateurs, grâce à un *chatbot*, de commander leurs burgers en ligne, *via* Facebook Messenger. Grâce aux avancées de l'intelligence artificielle, accéder dans l'instant, depuis son mobile, à du conseil de la part d'une marque n'est plus une vue de l'esprit.

À l'assaut d'un nouveau monde, la publicité sur mobile

Un champ nouveau où les acteurs prennent position et inventent de nouvelles approches ! On ne peut plus se contenter de raisonner en couches de contenus qui se superposent, la couche publicitaire s'imposant aux yeux de l'utilisateur, au-dessus du contenu éditorial. Les formats vidéo hérités du monde fixe et de la publicité classique sur Internet sont à réinventer (format pré-roll, interstitiel) et dégradent l'expérience utilisateur. Ces approches obligent les internautes à regarder les contenus des marques et ne préservent pas leur libre arbitre. D'où l'engouement pour les applis d'*ad blocking*, désormais disponibles sur iPhone.

On ne peut pas non plus demander au consommateur de maintenir son attention 20 ou 30 secondes (formats moyens d'un film publicitaire) quand le défi est de capter son attention en 3 secondes.

Pour dépasser ces limites, certains proposent des **formats publicitaires « natifs »**, où les publicités sont intégrées au sein des articles ou d'un flux social, et préservent donc le libre choix du consommateur de les regarder ou pas. Facebook, qui a récemment lancé Canvas, son offre publicitaire sur mobile, annonce la diffusion quasi instantanée de publicités en plein écran sur les téléphones portables. Ces messages sont inclus de manière classique dans le fil d'actualité de Facebook et se déclenchent d'un clic en laissant la place à un message publicitaire vidéo plein écran. Des publicités qui pourront être interactives et personnalisées grâce aux informations connues sur les utilisateurs de Facebook.

Plus question de reproduire les approches traditionnelles, mettant en avant la supériorité d'un produit et basées sur la répétition d'un message. Ici, plus que jamais, **le combat est celui de l'attention**. Sur mobile, elle est très limitée et très volatile. L'enjeu du marketing sur mobile n'est pas de s'imposer aux gens, mais de trouver les moyens de retenir leur attention.

Trois questions à Thomas Husson, expert du mobile chez Forrester Research

1. Le mobile change-t-il les attentes des consommateurs ?

Le mobile a profondément changé les attentes des consommateurs. Ils s'attendent à obtenir immédiatement des services qui répondent à leurs besoins en fonction de leur contexte du moment. Peu de marques traditionnelles aujourd'hui sont capables de répondre à leurs attentes et de nouveaux entrants ont bien compris que le mobile était une révolution qui allait modifier les positions établies. C'est vrai dans toutes les industries et dans tous les secteurs, en particulier dans les pays émergents, où le mobile redistribue les cartes.

2. Les apps sont-elles le meilleur moyen pour travailler la relation client ?

Avec plus de 80 % du temps mobile passé sur les apps, les marques ont cru qu'il suffisait de devenir « mobile first » et de lancer une app pour créer une relation avec le client. En réalité, plus de 80 % de ce temps est passé sur seulement cinq applications, principalement des apps de *messaging* et de médias sociaux. Il va falloir également que les marques aillent emprunter des moments mobiles sur ces nouvelles plateformes marketing et e-commerce que sont en train de devenir les WeChat, Facebook Messenger et autres assistants virtuels qui, demain, deviendront les nouvelles interfaces de la relation client.

3. Demain, la suprématie du mobile peut-elle être remise en cause ?

Certains prédisent la fin du mobile avec l'explosion des capteurs de l'Internet des objets ou de la réalité virtuelle. C'est absurde. Avec plus de 5 milliards de smartphones en 2020, le mobile va, au contraire, devenir le centre de gravité des nouvelles expériences connectées. Être « mobile first » n'est plus suffisant. Il faut penser le mobile non plus comme un canal, mais comme un catalyseur de la transformation numérique des entreprises et comme une opportunité unique de repenser l'expérience client.

★★★

Le mobile ouvre un éventail de nouvelles possibilités pour ses utilisateurs. Il change la façon dont nous travaillons, dont nous nous amusons, ou communiquons. Il devient un véritable compagnon de mobilité et accompagne en cela l'évolution de modes de vie de plus en plus nomades. Le double rôle du mobile, qui est à la fois un facilitateur du quotidien et un objet identitaire, en fait un objet unique, **la télécommande de nos vies**, l'outil de pilotage de notre écosystème digital.

Ce rôle-clé dans nos modes de vie n'est pas près de connaître de reflux. Au contraire, de plus en plus d'applications et de services en ligne sont uniquement accessibles depuis un mobile. Et non des moindres. Uber n'est pas accessible depuis un ordinateur. Instagram a été conçu pour mobile. En peu de temps, celui-ci est parvenu à conquérir une place centrale dans nos vies. Demain, son rôle sera encore plus indispensable : il nous aidera à contrôler nos maisons à distance, à gérer nos examens de santé, à obtenir des informations personnalisées de nos apps. L'avenir s'écrit sur mobile. Celui-ci devient la nouvelle frontière du marketing.

4

Bienvenue dans le monde de la data

Nous vivons dans un monde qui produit et collecte de la donnée à grande vitesse. Et notre capacité de production s'accélère de façon vertigineuse.

Selon la société Gartner, la somme des données collectées dans le monde en 2015 s'élève à 7,9 zettaoctets. Un chiffre assez opaque, que l'on saisit mieux avec cette idée simple : l'humanité a produit autant de données dans les deux dernières années que depuis sa création.

La gestion de la donnée s'est développée dans les années 90 avec l'essor de la relation client et du CRM. La fidélisation des clients reposait sur leur connaissance, et donc sur la capacité des entreprises à capter, traiter et analyser les informations relatives aux clients et aux prospects. À partir des années 2000, le monde de l'Internet est venu enrichir la collecte de données en variant les sources de recueil de données. Après une phase de maturation, cet univers se développe rapidement, et contribue à la révolution du marketing et de la publicité.

Le consommateur digital est le moteur de la data. Ses données sont le carburant qui irrigue les tuyaux. L'impact de la data sur ses comportements de consommation n'est pas neutre. Elle autorise une compréhension plus fine de ses besoins, et une meilleure personnalisation des offres pour, *in fine*, aboutir à une plus grande satisfaction. Mais elle génère aussi de nouvelles craintes sur l'utilisation abusive des données personnelles.

Very big data : la nouvelle donne

Data ou *big* data ?

Qu'est-ce qui différencie la « data » du « *big* data » ? C'est la règle des 3V qui résume le mieux les différences entre le recueil et le traitement de données classiques, et l'âge du *big* data dans lequel nous entrons :

- Volume : les volumes de data traités sont incomparablement plus élevés. Ils proviennent de multiples sources.
- Vitesse : la mise à disposition d'une information exploitable par ses commanditaires est proche du temps réel.
- Variété : hier, la data provenait essentiellement de fichiers clients. Le *big* data mélange différentes provenances : média, point de vente, données externes, CRM…

Comment les données sont-elles recueillies ?

D'où viennent les données du *big* data ? Pourquoi cette explosion du volume des données traitées ?

Les données sont anonymes et proviennent d'abord de nos **usages d'Internet**. Nous y passons de plus en plus de temps et nos modes de connexion se diversifient, ce qui génère un plus grand nombre de données. Qu'il soit fait depuis nos ordinateurs, nos mobiles ou nos tablettes, chaque surf laisse une empreinte et offre une possibilité de traçabilité.

On distingue trois principales sources de données collectées.

Les données « first party »

Il s'agit de toutes les données collectées par les entreprises à partir de leurs canaux propriétaires, comme le comportement d'un cookie anonyme sur le site, l'historique transactionnel, les données CRM issues des programmes de fidélisation ou les données d'utilisation d'une application mobile. Ces données appartiennent à la marque. Elles peuvent être sociodémographiques, comportementales ou centrées sur les intentions d'achat.

Les données « second party »

Leur nature ne diffère pas des données « *first party* », mais elles proviennent d'origines différentes. Elles n'appartiennent pas en exclusivité à la marque, sont collectées à partir de sites partenaires et viennent enrichir les données « *first party* ». À titre d'exemple, *« imaginez qu'une banque ou un organisme financier ait passé un accord d'échange de données avec un site d'annonces immobilières. Ainsi, les données de visite d'un individu sur le site d'annonces immobilières permettent d'en déduire une forte probabilité de projet d'achat immobilier, et un besoin de financement* via *un prêt immobilier. L'organisme financier aura ainsi collecté des données d'intention* via *son partenariat* "second party" *avec le site d'annonces immobilières*[45] ».

Les données « third party »

Elles ne proviennent pas directement des internautes, mais sont vendues ou louées ponctuellement par des prestataires spécialisés dans la donnée, comme Acxiom, Exelate ou Weborama. Elles peuvent aussi être vendues par les réseaux sociaux comme Facebook ou Twitter. Elles permettent d'enrichir considérablement les données disponibles pour une entreprise et de cibler ainsi une audience plus large.

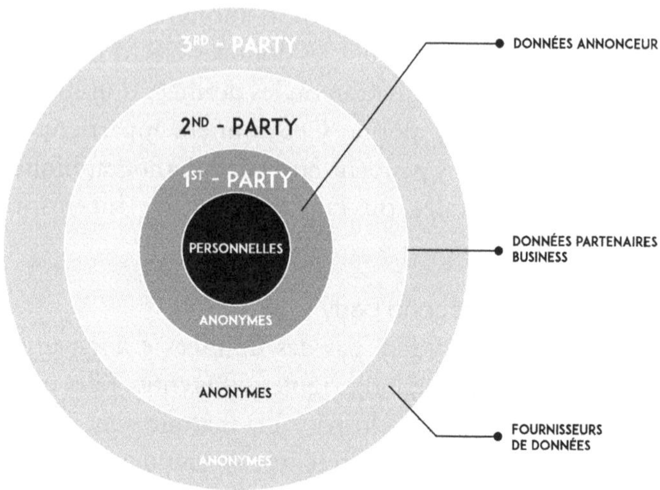

Les différents types de données

45. Frenchweb.fr, tribune de Christophe Lauer.

Aujourd'hui, nos surfs sur Internet sont encore la principale source de données. Demain, avec le développement de l'**Internet des objets**, les possibilités de recueil de données vont considérablement s'accélérer et se diversifier. Les objets connectés sont des objets physiques ayant chacun leur propre identité numérique, et capables de communiquer les uns avec les autres. Ils sont munis de **capteurs** qui enregistrent les informations qu'ils reçoivent et peuvent les envoyer en temps réel à un serveur. Ces objets peuvent appartenir à des univers très différents. L'univers de la **ville intelligente** deviendra la source de gros volumes de données sur la qualité de l'air, la température, le niveau sonore, l'état des bâtiments, la luminosité. Avec les appareils électroménagers communiquants, ou les compteurs électriques intelligents qui centralisent les données associées à la sphère de la maison, la **domotique** fournira de gros volumes de données. Avec le développement du « *quantified self*[46] », l'univers de la **santé** est concerné, avec, au premier rang, les montres ou bracelets connectés qui recueillent de nombreuses informations sur notre santé. Aujourd'hui on peut connaître le nombre de pas qu'on fait en une heure ou une journée. Demain on pourra, par exemple, imaginer l'implantation de micropuces mesurant le taux de diabète et transmettant l'information à une pompe qui injecte le niveau d'insuline nécessaire pour réguler la glycémie.

46. Le développement de la e-santé permet la mise en chiffres de sa santé et de ses indicateurs. C'est la « quantification de soi ».

Autant de nouvelles sources qui vont s'additionner aux existantes pour générer une augmentation importante du volume de données recueillies.

L'âge d'or de la DMP (*Data Management Platform*)

Les data sont intégrées dans des **DMP (*Data Management Platforms*)**, qui les traitent et les organisent. Celles-ci sont essentiellement possédées par les acteurs du monde des médias, pour qui la monétisation des data est un moyen de compenser la perte de revenus publicitaires « classiques ». Selon l'étude « DMP Europe 2016 » d'Exchange Wire, il s'agit des éditeurs médias (76 % possèdent des DMP), des agences médias (69 %) et des *trading desks* (plateformes automatisées d'achat d'espace publicitaire, équipées à 75 %)[47]. Les DMP sont au cœur du réacteur de la data. Elles collectent et analysent les données issues de sources différentes (comme le surf, les données médias ou CRM), et les relient entre elles. Grâce à des algorithmes, elles organisent les données en groupes homogènes et dressent des profils clients pour un meilleur ciblage. Elles « poussent » ensuite ces données dans les outils d'achat média et dans les systèmes de gestion des campagnes CRM.

Véritable clé pour toucher la bonne personne au bon moment, avec le bon message, les DMP sont utilisées pour l'achat média et la personnalisation de la communication digitale. La DMP est un outil qui symbolise le nouvel or noir du data marketing et dont de plus

47. Cité dans le magazine *Stratégies* du 7 avril 2016.

en plus d'entreprises s'équipent directement afin de se lancer dans la course à la data.

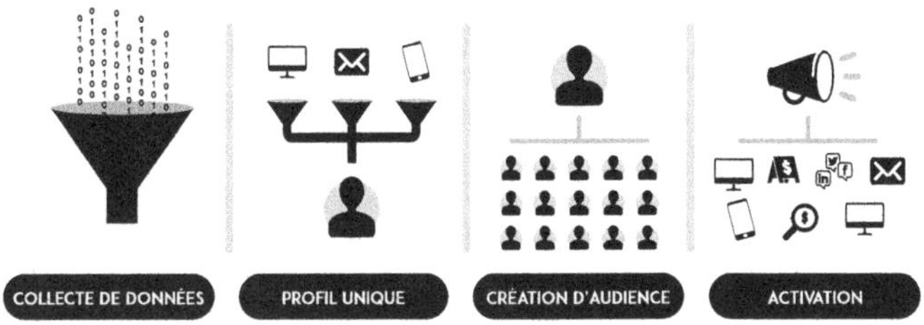

Schéma de fonctionnement d'une DMP

Quels enjeux pour les marques ?

Dans le domaine du BtoC[48], la data offre de nouvelles possibilités. Au-delà de la publicité, où les changements sont rapides et à laquelle est consacrée une prochaine section de ce chapitre, les marques tirent parti de la data pour deux principales raisons : mieux connaître leurs clients afin de leur proposer des solutions personnalisées et intégrer une composante prédictive à leur marketing.

Une meilleure connaissance des clients, pour un bénéfice de personnalisation. Grâce à la data, les marques peuvent améliorer leur politique de marketing relationnel, et donc enrichir l'expérience client en proposant de nouveaux produits ou services adaptés à leurs besoins. La data permet d'offrir des produits plus personnalisés, des informations et des services plus précis.

48. *Business to Consumer* : le marketing qui s'adresse au grand public, et non aux professionnels.

Les avocats de la data précisent qu'elle aidera à **mieux satisfaire un consommateur de plus en plus mature et exigeant**, qui attend qu'on s'adresse à lui précisément et qui souhaite consommer des produits ou services adaptés à ses besoins, à ses goûts, à ses attentes.

En effet, la data fournit les moyens de mieux répondre à un **besoin de personnalisation** chez les consommateurs qui recherchent des expériences de plus en plus exclusives. De la paire de Nike que l'on peut personnaliser avec ses couleurs préférées à la bouteille de Coca-Cola à son prénom, la personnalisation est une attente de fond des consommateurs, lassés du marketing de masse, trop indifférencié. Une meilleure maîtrise des données clients permet d'**enrichir l'expérience en magasin**. Les marques développent des programmes relationnels qui encouragent les consommateurs à leur donner des informations permettant de définir leur profil. Celles-ci sont recueillies en magasin par les vendeurs, équipés de tablettes. Grâce à elles, à peine un client franchit-il la porte d'un magasin, que le vendeur peut accéder à ses préférences, ses tailles, son historique d'achat. Et savoir, par exemple, ce qu'un consommateur brésilien a acheté à Paris, ou bien connaître ses derniers *posts* Twitter sur la marque. Ce type de programme repose **sur la bonne volonté des consommateurs**. Ceux-ci se déclarent prêts à communiquer un certain nombre de données privées pour obtenir, en échange, plus de pertinence dans ce que leur propose la marque. L'objectif est de parvenir à mieux satisfaire le client en le conseillant mieux et lui faisant des suggestions d'achat plus ciblées/personnalisées, et donc plus efficaces. Pour les mêmes raisons, **Sephora** a équipé ses vendeuses d'un iPad relié aux données sur les clients. Les informations sur leur profil et leur historique sont disponibles, pour un conseil mieux adapté.

La data permet aux marques de faire des propositions mieux ciblées à des consommateurs qui ne veulent pas perdre leur temps et recherchent la pertinence dans les offres qu'on leur soumet, pour plus d'efficacité dans des quotidiens toujours plus soumis à la pression du temps. Des consommateurs lassés d'être « pollués » par des messages qui ne les concernent pas et qui sont à la recherche de conseils de plus en plus experts de la part des marques.

Au-delà de la compréhension fine des besoins de sa cible par l'analyse de ses achats passés, la data offre au marketing la possibilité d'intégrer une **composante prédictive**. En comprenant les préférences de ses clients, une marque peut anticiper et leur proposer les solutions les mieux adaptées. Par exemple en analysant les configurations les plus demandées sur un modèle de voiture, en matière d'options et de couleurs, le marketing peut intégrer plus en amont ces informations afin de réduire les délais de production et de générer ainsi une meilleure satisfaction.

Demain, l'exploitation des données clients ouvrira de nouveaux horizons, comme **la personnalisation des politiques tarifaires**. Un sujet qui concerne de très près le monde de l'assurance, en quête d'arguments pour inciter les comportements préventifs. Les assurances-vie peuvent devenir moins coûteuses si l'usage d'un bracelet connecté révèle que l'on se maintient en bonne santé en faisant beaucoup de sport. Ou si des capteurs embarqués sur une voiture prouvent que le style de conduite du propriétaire de la voiture présente un minimum de risque d'accident. Une approche qui séduit plus ou moins selon les cultures. La personnalisation des politiques tarifaires en échange d'informations personnelles est grandement acceptée en Asie ou aux États-Unis. Elle se heurte à de puissants freins culturels en Europe, et notamment en France. La perspective d'un risque de discrimination entre les clients dont les données prouvent qu'ils sont vertueux, et les autres, contrarie frontalement notre culture égalitaire et universaliste.

Au final, la data permet plus de *« customer centricity »*, c'est-à-dire de pertinence consommateur. En proposant des expériences personnalisées, des services ou promotions adaptés aux besoins, en segmentant plus finement son audience, une marque peut gagner en pertinence et satisfait mieux ses clients. Mais tout est question de curseur : aller trop loin dans la connaissance des clients peut être contre-productif et créer une réaction de rejet. Entre l'intention de mieux connaître ses clients pour mieux les satisfaire et la perception d'une politique trop intrusive, la voie est étroite.

Les défis de la data

La qualité des données

Celles-ci sont difficiles à centraliser, tant le consommateur est multiactif et joue souvent avec de nombreuses identités sur la Toile.

Autant d'éléments qui peuvent fausser la qualité des data – notamment celles recueillies en mode « *third party* » – et poser des problèmes d'agrégation, quand elles proviennent de sources différentes, comme des capteurs, des données relationnelles, des traces laissées par le surf. L'absence de normes ou de cadre réglementaire ne fait que renforcer la qualité inégale des data auxquelles une marque peut accéder. Il s'agit de bien croiser les données issues de différents horizons afin de garantir leur qualité. Ce point reste un enjeu fondamental car il détermine la fiabilité des opérations à engager.

La data ne vaut que par ce qu'on en fait

L'ancien président de Tesco, chaîne de distribution en Angleterre, précisait : « *La seule data qui compte est la data qui est actionnable*[49]. » Trop souvent, on se situe dans une logique de quantité, on recherche encore la data pour la data. Mais celle-ci ne vaut que par ce qui en est fait. Elle doit permettre d'apporter des services ou d'améliorer l'expérience consommateur. Il est nécessaire de pouvoir capitaliser sur la data accumulée afin de fournir des services à valeur ajoutée, qui s'avèrent vraiment utiles au quotidien. Pour cela, il est crucial, en amont, de se questionner sur les usages que l'on fera de la data et des nouveaux bénéfices consommateurs qu'elle va générer.

49. *"The only data that matters is the data that is actionable"*, Sir Terry Leahy.

Il faut aussi, et c'est un défi important pour les entreprises, pouvoir faire évoluer l'organisation interne pour traiter au mieux la data. Les organisations actuelles ne sont pas conçues autour de la data, qui est souvent complexe à gérer. Du data *scientist* au *chief digital officer*, les entreprises doivent se doter des talents adéquats et les faire communiquer avec les fonctions plus classiques de l'entreprise, comme la direction marketing.

La souveraineté de la data

L'entreprise peut-elle confier ses données aux grands acteurs de la data, comme Google ou Facebook, Oracle ou Adobe… alors que certains d'entre eux pourraient s'approprier les données communiquées pour les valoriser selon leurs seuls souhaits ? Un risque d'autant plus avéré que ces sociétés peuvent devenir demain des concurrents.

Pour contourner ce type d'obstacle, nombre d'entreprises initient la mise en place de leur propre DMP (*Data Merging Platform*), afin de contrôler et mieux piloter la donnée.

Big data ou *Big Brother* ? L'impératif éthique

L'état d'esprit dominant est le doute quant à l'utilisation des data, la peur d'être suivi. *Big* data égale *Big Brother*, l'équation est limpide, la proximité sémantique génère un raccourci immédiat. Le développement de données précises sur les internautes, certaines très sensibles comme les informations sur la santé, pose question sur la vie privée et engendre la peur d'une omniprésence des marques, ou des États. L'affaire Snowden, ancien employé de la NSA et de la CIA[50] ayant révélé les détails de plusieurs programmes de surveillance de masse américains et britanniques à partir de la captation de métadonnées issues des appels téléphoniques, est là pour nous le rappeler. Les réticences à être suivi en tant que citoyen sont encore bien plus fortes que celles que l'on peut avoir vis-à-vis des marques. D'autant plus que personne n'est à l'abri de fuites ou du **vol de données** et d'informations sensibles, **ainsi que le montrent certains scandales récents** comme les Panama Papers.

Du côté des marques, la perspective d'un monde orwellien, où les marques seraient omniprésentes, n'est pas à exclure. L'usage de la donnée, mise au service d'intérêts privés, génère de nombreuses craintes. Il est important pour les marques de bien comprendre cette sensibilité des consommateurs et d'anticiper au mieux les risques que cela peut engendrer. Il s'agit avant tout d'éviter un mouvement de protestation des consommateurs, par exemple sous forme d'action collective, ou un changement dans la législation européenne ou nationale, susceptible d'encadrer de façon plus restrictive les usages de la donnée. Ou encore un rejet de ces pratiques par le consommateur lui-même, susceptible de se traduire, par exemple, par le boycott de certaines marques.

Mais les mentalités évoluent et le consommateur n'est plus tout à fait hostile à l'idée de partager ses données. Selon une étude de Capgemini Consulting, « Les Français et l'ubérisation de l'économie », *« La proportion de*

50. NSA : National Security Agency. CIA : Central Intelligence Agency. Les piliers du renseignement américain avec le FBI.

gens prêts à partager leurs données personnelles est élevée : plus d'un sur deux le fait s'il peut bénéficier de meilleurs prix, d'une qualité supérieure ou de davantage de personnalisation[51] *».*

Devenant plus matures et aguerris à ce type de démarches, les consommateurs prennent conscience de la valeur de ce qu'ils ont à donner aux marques avec leurs données personnelles et de ce qu'ils pourraient obtenir en échange. Cette idée génère **la notion de « deal » entre les consommateurs, les marques et les publicitaires.**

La data, à l'origine de la publicité personnalisée

L'installation rapide de nouveaux modes de consommation média

Le paysage des médias et de l'achat d'espace publicitaire est en pleine révolution. Le consommateur digital n'a plus que très peu de choses en commun avec la fameuse ménagère de moins de 50 ans. Celle-ci était facile à « capter » car toujours présente devant sa télévision au moment du « *prime time* », le créneau 19 h-20 h 30, cher aux marques.

Les modes de consommation des contenus ont largement changé ces dernières années. Aujourd'hui, le consommateur évolue dans un monde devenu multiécran. Les chiffres de Médiamétrie le confirment : chaque foyer est équipé de 6,4 écrans, et 35 millions d'internautes visionnent des vidéos sur Internet.

51. Cité par Clotilde Briard dans *Les Echos* du 11 février 2016.

La télévision continue à assumer son rôle de média de divertissement de masse. L'audience des grands moments TV que sont *Koh-Lanta*, *The Voice* ou le classique PSG-OM ne baisse pas. Du fait de la force de ces grands carrefours d'audience et du direct, tout un pays continue à communier autour de l'écran TV.

En parallèle se développe une consommation plus individualisée, à la demande, en VoD[52] ou en live-TV consultée sur Internet depuis un ordinateur ou un mobile. La SVoD[53] permet de regarder des programmes « où je veux et quand je veux ». Au-delà de ses deux principaux acteurs, Netflix et CanalPlay, elle fait aujourd'hui l'objet de multiples initiatives, comme celle de SFR qui vient de lancer Zive, un service de vidéo à la demande en illimité. Ou Afrostream, une plateforme de SVoD tournée vers la culture africaine. Ou encore DisneyLife, lancé au Royaume-Uni pour un déploiement prévu en Europe.

Le succès de la SVoD est intimement lié à sa capacité à proposer des contenus adaptés au goût des consommateurs. En collectant les données sur les préférences de ses abonnés, Netflix peut, par exemple, leur recommander des programmes sur mesure, dans l'idée de proposer les bons contenus aux bonnes personnes. Tendanciellement, le téléspectateur ne « subira » plus les programmes de

52. VoD : *Video on Demand*. Pouvoir louer ponctuellement un contenu vidéo.
53. SVoD : *Subscription Video on Demand*, c'est-à-dire contenus vidéo accessibles par abonnement mensuel, sur le modèle de Netflix. Un vidéoclub à domicile, en quelque sorte.

manière descendante ; il aura la possibilité de choisir ce qu'il regarde, et quand il souhaite le regarder.

Alors que l'audience digitale de certains titres comme *Le Monde* devient supérieure à celle de la version papier, la presse s'intéresse à de nouvelles opportunités digitales pour contrer le déclin de la consommation papier. Les éditeurs mettent en place des stratégies « *mobile first* » et des applications de services, pour améliorer l'expérience utilisateur et s'adapter aux nouveaux comportements de consommation média. Il s'agit d'informer rapidement, de proposer des contenus facilement accessibles, visant à être consultés partout et à n'importe quel moment. Le lecteur lui-même peut avoir un rôle actif dans la création de l'information, du fait de plateformes sociales mises à sa disposition par les éditeurs, qui lui permettent de réagir et de donner son avis sur l'actualité.

La radio n'est pas en reste et a pris le tournant du digital. Les webradios et les plateformes de musique en ligne ont révolutionné l'écoute de musique. Avec ces plateformes, le consommateur accède, moyennant un abonnement mensuel, à un très vaste catalogue de titres à écouter sur son smartphone, son ordinateur, sa tablette ou sa chaîne hi-fi connectée. Une pratique qui devient massive, les deux principaux services musicaux (Deezer et Spotify) totalisant 9,5 millions de visiteurs uniques mensuels en 2015, soit une croissance de plus de 10 % *versus* 2014.

Ces nouveaux modes de consommation média témoignent d'une digitalisation toujours plus prononcée du rapport aux médias. Ceux-ci ne peuvent être pensés isolément. Il s'agit bien des mêmes personnes qui consomment des voitures ou des lessives. Ce nouvel état d'esprit influence tous les paramètres de la consommation et de la communication. En résumé, *« la communication est passée d'un modèle univoque et descendant à une relation plus équilibrée et plus interactive avec le consommateur*[54] *»*.

Anticiper les besoins grâce au programmatique

Intéressons-nous de plus près au média digital, et donc à la publicité sur Internet, en pleine révolution du fait du développement du « **programmatique**[55] ». Cette approche, utilisant les données du *big* data, permet aux marques de proposer des messages publicitaires personnalisés.

Le **rapprochement, et même la fusion des données média et du CRM**, offre les moyens aux marques de cibler de manière toujours plus fine les informations qu'elles envoient à leurs cibles. Qui n'a pas fait une fois l'expérience étrange de découvrir sur son écran de nombreux messages publicitaires sur un sujet qu'il affectionne ? En effet, le programmatique permet d'anticiper les besoins des consommateurs par la connaissance que l'on a d'eux à un instant T. Si vous passez du temps à consulter plusieurs sites dédiés à la plongée sous-marine,

---

54. Entretien avec Raphaël de Andréis, directeur général d'Havas Media, mai 2016.
55. La part de la publicité sur le Web dans les investissements publicitaires se développe. Elle représente 27,5 % des investissements média en 2015, juste derrière la TV (28 %).

en préparation d'un voyage, ne soyez pas surpris de voir dans les jours qui suivent des messages publicitaires proposant un masque ou une combinaison de plongée. Même si votre surf du moment n'a plus aucun rapport avec le thème de la plongée ! Le moteur de recommandation des publicitaires a identifié et mémorisé votre goût pour la plongée, et il vous « pousse » le bon produit. Dans la mesure où la bannière publicitaire que vous venez de recevoir correspond à vos centres d'intérêt, vous aurez probablement plus de chances de cliquer dessus. Vous accéderez ainsi au site e-commerce d'une marque de plongée. Les chances que vous transformiez cette visite par un acte d'achat sont bien supérieures à celles que vous auriez eues sans les tecŸiques programmatiques.

Alors, est-ce de la magie ou de la science ?

Le programmatique prend en compte votre surf passé, qui révèle vos inclinations. Les puissants algorithmes lui permettent ensuite de prédire vos goûts et vos centres d'intérêt. En simplifiant, un algorithme est une formule mathématique prédictive du type « si vous avez fait cela… alors les chances que vous fassiez ceci sont élevées ». Les algorithmes des publicitaires permettent le développement d'un **« marketing prédictif »**, facilitant l'anticipation des comportements et des besoins des consommateurs, afin d'y répondre de façon plus précise avant même que la demande soit formulée et d'éviter de « tomber à côté ».

Les marchés applaudissent ces nouvelles approches et ont consacré la start-up Criteo comme une des plus prometteuses, en lui permettant d'accéder au statut mythique de licorne. Écoutons Jean-Baptiste Rudelle, le fondateur de Criteo, nous expliquer la mécanique du programmatique : « *En moulinant des millions de données (quels sont les types de produits consultés/quand l'internaute clique-t-il/que met-il dans son panier...), nous étions parvenus à décrypter peu à peu les intentions d'achat des consommateurs. Plus précisément, à prédire quel produit spécifique était susceptible d'intéresser tel internaute en particulier. Des livres, des jouets, des CD, des objets de décoration... Un site comme PriceMinister propose un éventail de produits qui se comptent en millions. Dans cet univers des possibles très large, choisir le bon produit pour la bonne personne, au bon moment, semble être mission impossible. Mais grâce à nos années de travail sur nos algorithmes de recommandation, la tecŸologie de Criteo permet justement de réaliser cet exploit. Si vous avez passé du temps à regarder différents modèles de baskets Adidas, vaut-il mieux vous montrer le modèle dernier cri de la marque ou, au contraire, celui de Nike ? Et quand vous venez d'acheter un appareil photo Canon, vaut-il mieux vous proposer une extension de mémoire, ou plutôt une sacoche de voyage ? Grâce au big data, l'analyse massive des données de navigation de millions d'internautes, Criteo est capable d'apporter une réponse pertinente*[56]. »

Cette approche intéresse de très près les publicitaires car elle offre une garantie d'efficacité. Elle prend le contrepied de la fameuse phrase d'un annonceur américain des années 70, qui affirmait, mi-perplexe, mi-goguenard :

---

56. Jean-Baptiste Rudelle, *On m'avait dit que c'était impossible*, Stock, 2015.

« Seule la moitié de mon budget publicitaire est efficace, hélas je ne sais pas laquelle. » La publicité a longtemps requis des budgets importants, tout en restant très floue sur ses modes d'action.

Sur ce plan, le programmatique apporte une véritable révolution car son efficacité est plus facilement prédictible. Ses avocats précisent même que le ROI (*Return On Investment*) est garanti. En témoigne un mode de facturation différent, inspiré des liens sponsorisés de Google : le client n'est facturé qu'en fonction du nombre de fois où les internautes cliquent sur le lien publicitaire. C'est-à-dire selon l'efficacité réelle, et non pas en fonction de la couverture de sa cible[57]. Ce qui laisse Jean-Baptiste Rudelle affirmer que ses algorithmes *« en moulinant des millions de données, arrivent à prédire en temps réel et avec une précision étonnante les intentions d'achat des internautes »*.

Avec la numérisation des médias, le programmatique a certainement un bel avenir. Le secteur de la publicité sur Internet est en première ligne. La télévision n'en est encore qu'à ses prémices. À ce jour, elle n'est concernée que dans sa version numérique, en streaming (live-Internet ou catch-up TV, qui compte environ 3,1 millions d'individus chaque jour). Demain, peut-être, le programmatique concernera l'ensemble de l'offre télévisée, ce qui ne manquerait pas de générer une véritable révolution dans le monde publicitaire.

57. Selon un raisonnement classique où l'on mesurait l'efficacité en fonction du pourcentage de la cible exposée à une publicité.

Face à la relative indifférence des internautes pour les traditionnelles bannières publicitaires, la publicité programmatique peut permettre de **recréer de l'implication**. Lorsqu'on propose le bon produit au bon moment, la publicité est moins perçue comme une nuisance. Au contraire, ses avocats précisent qu'elle est mieux reçue par les consommateurs qui la voient plutôt comme un service permettant de faciliter l'achat et la découverte de produits.

Les détracteurs de cette approche y voient, au contraire, un possible danger de rejet de la part de consommateurs qui peuvent avoir l'impression d'être constamment suivis, voire incités à consommer abusivement. On se souvient de Tom Cruise dans le film *Minority Report*, qui croisait dans la rue des publicités affichées et communicantes qui l'identifiaient personnellement par reconnaissance rétinienne et lui proposaient des offres personnalisées. Le souvenir de cette scène a laissé des traces, et la peur d'un monde dominé par les marques reste vive.

Les craintes générées par une publicité trop personnalisée sont une des principales motivations pour utiliser les *adblockers*, ces logiciels qui permettent aux internautes de masquer la plupart des formats publicitaires. Environ 30 % des internautes en sont aujourd'hui équipés, ce qui constitue une menace majeure sur les revenus publicitaires, et une source de débats sans fin entre les éditeurs et les géants du Net (Apple, Google…) décriés pour ne pas limiter l'impact des *adblockers* (qui restent facilement téléchargeables sur l'App Store d'Apple).

Selon une étude Adobe Page Fair, l'*adblocker* est perçu comme une forme de geste militant, issu de la lassitude de voir ses données personnelles utilisées par la publicité. Cependant, une étude réalisée par Microsoft en 2015 montre que les proportions entre ces deux attitudes sont assez équilibrées : 54 % des consommateurs attendent des marques qu'elles communiquent de façon personnalisée, en fonction de leurs valeurs et de leurs préférences[58]. Cette vision plus pragmatique du sujet peut laisser entendre que la publicité programmatique a de beaux jours devant elle si elle gagne la confiance des consommateurs.

L'autre crainte générée par cette approche est celle du **danger de l'utilisation de données personnelles confidentielles**. Les publicitaires affirment qu'ils ne travaillent que sur des données anonymes, visant uniquement à comprendre les intentions d'achat. Mais ces arguments ne sont pas forcément connus, ou crus par les consommateurs. L'existence d'un bouton sur les bannières de publicité (en cliquant dessus, l'internaute peut voir et effacer l'intégralité des données collectées et les recommandations induites par le moteur) reste méconnue.

Et demain, utiliser la data différemment

Sur un marché encore en structuration, face aux craintes générées par l'usage de la data, il est important, pour

58. Source : https://news.microsoft.com/fr-fr/2015/04/22/etude-microsoft-advertising-2015-les-8-tendances-cles-de-lengagement-du-consommateur/.

éviter un retournement de l'opinion sur ce sujet, de mettre en place une politique de RSE (Responsabilité Sociale et Environnementale) digitale de la data.

Celle-ci devra passer en priorité par le fait d'informer de façon transparente et claire sur la gestion de la data. À ce titre, il paraît pertinent de donner le choix aux consommateurs à tout moment (*opt-in/opt-out*) des data qu'ils peuvent communiquer et de celles qu'ils souhaitent voir supprimées.

Une autre piste, visant à recréer un équilibre dans le couple consommateur-marque, vient de l'université de Harvard, qui a mis en valeur le concept de **VRM** (***Vendor Relationship Management***). Selon cette approche, le consommateur participe activement à la gestion des données le concernant. Il a accès à tout moment à un tableau de bord où il peut prendre connaissance de ce que les marques savent de lui et décider, en cochant, de maintenir ces informations ou, au contraire, de les effacer. Il s'agit donc d'une inversion de la mécanique : ce ne sont plus les marques (ou leurs partenaires data) qui décident. C'est, au contraire, le consommateur qui prend le pouvoir sur ses données et les contrôle, voire les modifie dans le temps en changeant ses paramètres. On peut être intéressé par des publicités ou des offres commerciales pendant le temps qu'on recherche une nouvelle voiture, et ne plus souhaiter recevoir ces informations une fois que le choix a été effectué. Une façon de ne conserver que les données véritablement utiles, celles qui servent à améliorer le service et à nourrir l'expérience du consommateur.

Cette approche croise celle de la « smart data », une vision du métier qui consiste à extraire de la masse de données du *big* data les informations les plus pertinentes pour une campagne marketing. Ce qui implique une utilisation plutôt tactique des données, selon les messages ou produits que l'on veut mettre en avant. Une vision qui évite l'accumulation de data, propre à générer le sentiment d'être envahi et dépassé par les données.

Dans ce contexte, la data peut devenir demain une **nouvelle monnaie** pour les consommateurs qui seraient disposés à vendre par eux-mêmes leurs données. Les informations personnelles qu'ils peuvent proposer ont une valeur et rendent un service aux marques. On peut imaginer la création de « *datamarts* » ou « *data exchange platforms* », où ils pourraient proposer leurs données, et même un tarif pour celles-ci, dans une logique donnant-donnant.

Les données au cœur de l'entreprise : la data *goodwill*

La data ne vaut que par ce que les entreprises décident d'en faire. Elle peut être utilisée pour mettre en place des campagnes tactiques. Elle peut aussi irriguer toutes les facettes de l'activité d'une entreprise et contribuer ainsi à créer du « *goodwill* ». Un terme employé par les financiers pour évoquer la valeur d'une marque *(brand goodwill)* ou d'une entreprise. La **data *goodwill***[59], c'est donc l'idée de mettre la data au cœur du pilotage de

59. Entretien avec Alain Lévy, P.-D.G. de Weborama, 15 avril 2016.

l'entreprise, jusqu'à générer un fonctionnement plus précis et plus efficace, contribuant à mieux valoriser l'entreprise.

Située au cœur du réacteur de l'entreprise, elle peut être utilisée pour une gestion plus efficace de son activité. Elle améliore le CRM. Elle permet de mieux segmenter sa cible, afin de comprendre les opportunités de nouvelles offres, et donc impacter la capacité d'une entreprise à innover. Elle influence la relation client, l'expérience client, et donc, dans un sens plus large, l'image de marque. Mise en place dans le quotidien économique *Les Echos*, elle permet de piloter toutes les facettes de l'activité par la data, qui intervient dans l'optimisation des revenus publicitaires, le pilotage des abonnés, la possibilité de leur proposer des articles ou contenus en ligne correspondant à leurs profils et centres d'intérêt.

Le potentiel de la data est trop important pour ne la laisser qu'aux seuls publicitaires. Celle-ci peut avoir un impact bien plus large sur la vie d'une entreprise. La data permet de piloter l'ensemble de l'activité d'une entreprise dans une logique de création de valeur pour ses clients, et donc pour elle-même.

Mieux communiquer sur sa propre expertise

Les données peuvent aussi devenir un sujet de communication en elles-mêmes. Elles offrent aux entreprises la possibilité de faire une démonstration de leur expertise et d'utiliser la matière comme du contenu « communiquant ». Véritable vitrine des connaissances sur sa cible, la data peut ainsi resserrer le lien entre l'entreprise et ses publics en leur montrant combien elle les connaît, et peut donc les satisfaire. L'utilisation « communiquante » de la data a donné lieu à plusieurs opérations.

Red Bull l'a utilisée de façon créative pour intensifier la dimension émotionnelle du saut depuis l'espace de Felix Baumgartner. L'analyse émotionnelle du sportif au moment où il va sauter et pendant le saut, sous forme de surimpression des informations clés dans les vidéos, permet d'intensifier ce moment exceptionnel. La dimension émotionnelle s'en trouve exacerbée, du fait de performances et d'émotions immédiatement traduites en chiffres. Une initiative qui enrichit l'opération en rajoutant du contenu tecŸologique, facilitant la projection et l'identification dans l'expérience du sportif.

Les initiatives en ce sens se multiplient. Les bracelets connectés Jawbone mesurent le nombre de pas faits dans une journée et les calories brûlées, mais aussi la qualité de notre sommeil, pour ceux qui souhaitent les garder pendant la nuit. La marque a décidé de sortir tous les ans un compte rendu du sommeil des Américains. De même qu'Amazon informe des vingt États où on lit le plus aux États-Unis et de ce qu'on y lit. Spotify nous renseigne sur les consommations de musique par régions. Autant d'initiatives originales qui prouvent que l'utilisation de la data est multifacette et créatrice de valeur.

***

Le « data marketing » symbolise l'arrivée du marketing tecŸologique dans les entreprises. C'est un marché encore jeune, qui s'invente et peut prendre des orientations différentes dans le futur. Internet n'est **pas un média de masse, mais un média d'individualisation massive.** En rendant concrètes ces possibilités, la data met l'accent sur la spécificité du média digital, qui est son principal avantage compétitif : des audiences massives, mais qui n'empêchent pas la relation d'être individualisée.

Le consommateur, encore souvent mal informé, craint les abus possibles de ce nouveau système. Les tecŸologies progressent rapidement, et l'on ne sait pas où sont leurs limites, dans un domaine encore assez peu contrôlé. La protection des données personnelles est donc un enjeu essentiel pour éviter tout risque de « data *bashing* ».

Bien utilisée, la data est au cœur du monde digital. Elle irrigue tous les univers où se trouve le consommateur digital : le commerce, la publicité, l'univers du téléphone mobile, les réseaux sociaux… En aidant à proposer des solutions personnalisées, elle contribue à repositionner le consommateur au centre de la relation avec la marque, c'est-à-dire à favoriser l'évolution vers un marketing plus « client *centric* ».

5
La réinvention du commerce

Le digital change tout : les loisirs, le travail, la communication, et, bien sûr, la façon dont on achète. Shopping depuis un mobile, interaction des réseaux sociaux avec l'expérience physique en magasin, vitrines connectées… la liste des changements en cours est si longue qu'elle pourrait devenir un inventaire à la Prévert. Elle implique une révolution des parcours d'achat, du suivi de la donnée client, de la maîtrise de l'expérience client *via* tous les points de contact, et même de la digitalisation des points de vente du commerce physique.

La révolution vient du consommateur lui-même, qui exploite pleinement tous les nouveaux outils mis à sa disposition, pour acheter différemment. Quel que soit le type d'enseigne, l'équation gagnante du commerce traditionnel – choix/prix bas/praticité/conseil – ne suffit plus. Sur tous ces critères, le digital change les règles du jeu et impose de nouvelles logiques.

La complexiþcation des parcours d'achat

À l'âge classique du marketing, l'acte d'achat était un moment maîtrisé et étudié. Il se situait en magasin, à un moment donné, souvent le samedi. Comme dans une pièce de théâtre classique, on était face à une logique d'unité de lieu (l'hypermarché ou le centre commercial), d'unité de temps (par exemple le samedi après-midi) et d'unité d'action (le choix, l'achat).

Aujourd'hui, les consommateurs n'achètent plus de la même manière. Toute une palette **de choix** s'offre à eux. Et ils n'hésitent pas à en user, voire en abuser.

Le **e-commerce** poursuit son développement. Aux États-Unis, ce sont désormais 51 % des achats qui sont faits en ligne[60]. Avec environ 200 000 sites actifs en France[61], la croissance de l'offre se poursuit. Arrivée de nouveaux acheteurs, augmentation de la fréquence d'achat, les signaux sont au vert pour les e-commerçants, sur un marché dont la progression est à deux chiffres[62]. La normalisation de l'achat en ligne (23 achats en moyenne par an pour 1 780 euros dépensés) se confirme. En 2016, Amazon compte plus de 17 millions de clients en France selon Médiamétrie NetRatings. Voyages-sncf est le premier site de vente en France et génère plus de 4 milliards d'euros de chiffre d'affaires. La fusion de Fnac et Darty a donné naissance à un nouveau géant du e-commerce avec un chiffre d'affaires en ligne cumulé dépassant le milliard d'euros.

Dominés par Vente-privée, Cdiscount et Amazon, les « *pure players* » se portent bien. Ils se développent avec

60. Étude *Fortune*, juin 2016.
61. Source : Fevad (Fédération de l'e-commerce et de la vente à distance).
62. En 2015, le marché a progressé de 14,3 % atteignant 64,9 milliards d'euros, soit bien plus que les prévisions.

l'arrivée de nouveaux acteurs dans les secteurs de la beauté (ELF, BYS ou NYX en France) ou de l'alimentation (Amazon Fresh). L'obsession de la qualité dont témoigne un Jeff Bezos (Amazon) ou un Tony Hsieh (Zappos, site de vente en ligne de chaussures aux États-Unis) en dit long sur les efforts faits par ces acteurs pour maximiser leur qualité de service.

Étant nés et élevés dans la culture digitale, ils élargissent leur offre en proposant à leurs consommateurs de devenir vendeurs, cautionnés par leur crédibilité et leur savoir-faire en matière de transaction en ligne. C'est l'essor des **places de marché**, une autre façon de vendre, qui rencontre un réel succès. Amazon réalise environ la moitié de son chiffre d'affaires *via* sa place de marché. Une évolution qui accentue le phénomène **de brouillage de la frontière entre vendeurs et consommateurs**, et illustre l'autonomisation de ces derniers, déjà observée dans certaines tendances de consommation.

Le **m-commerce** (commerce sur mobile) fait une percée encore mesurée, mais très prometteuse. Les ventes réalisées depuis les smartphones et tablettes progressent de 39 % en 2015 et représentent environ 10 % des ventes de l'e-commerce. Un avenir très rose pour ce canal de distribution si l'on pense possible la transposition du modèle chinois, premier marché mondial de l'e-commerce, où les deux tiers des ventes sont déjà réalisés depuis des mobiles.

Le **commerce traditionnel** se porte plutôt bien. Bonne nouvelle pour les magasins, le développement du e-commerce ne se situe pas dans une logique de substitution. La transformation digitale de la distribution ne se fait pas au détriment du commerce de détail, qui génère toujours 92 % du chiffre d'affaires[63]. Tout comme l'apparition de la télévision n'a pas remis en cause l'écoute de la radio ou la lecture de la presse, il n'y a pas de menace structurelle sur les magasins physiques. Bien au contraire, le commerce traditionnel préserve de beaux atouts et continue à croître en 2015. Celui-ci ne doit pourtant pas se reposer sur ses lauriers. Une lecture un peu trop rapide pourrait laisser entendre que tout va pour le mieux. Il n'en est rien : comme nous allons le voir, le développement d'autres canaux et surtout le changement de fond dans les comportements d'achat génèrent un besoin urgent de réinvention de l'expérience d'achat en magasin. Le commerce traditionnel doit changer de métier : passer de la vente, au conseil et à la relation.

Derrière ces chiffres, se cachent de **nouveaux parcours d'achat**. Le consommateur digital **navigue allégrement entre toutes ces logiques**. Il croise les canaux, les marie, les mixe ou les dissocie selon ses envies et ses besoins.

Selon son type d'achat, il n'a pas les mêmes motivations. Pour certains achats à faible valeur plaisir (un billet de train, les courses du quotidien), il cherche en ligne la rapidité et la praticité. Dans des catégories « plaisir » comme le prêt-à-porter, le luxe, les vacances, la décoration, l'achat d'une paire de chaussures à la mode, il adopte une logique différente. Il compare, cherche les meilleures offres, se montre peu fidèle, est volatil

63. Matthieu Deleneuville, « Non, le e-commerce n'est pas près de dépasser le commerce physique », *Journal du Net,* 2015.

et, parfois même, capricieux. Le parcours client pour l'achat d'un véhicule neuf en témoigne. Avant l'acte d'achat, le nombre de visites chez les concessionnaires a chuté de 7 à 1,2 fois[64]. Le temps passé sur le sujet avant l'achat est de 18 heures, dont 12 en ligne !

Une fois le désir installé, le consommateur utilise le digital pour obtenir le meilleur prix, souvent au détriment des enseignes classiques. Un produit de luxe peut aujourd'hui être vendu à différents endroits : le site officiel d'une grande marque, des sites plus confidentiels ou locaux, sans oublier les grands sites agrégateurs d'offres comme Lyst ou Polyvore.

Le consommateur digital hybride ses parcours d'achat entre des passages par Internet et des volets « *offline* ». Il intègre des étapes digitales dans ses parcours client, marie le digital et le physique pour inventer de lui-même le concept de **« phygital »**. Cela n'est pas sans **complexifier les parcours clients**[65] et générer de multiples cas de figure.

Un client va sur un site de marque pour découvrir la marque et achète en boutique. Cela s'appelle le ROPO[66] ou le « *Web-to-store* » : rechercher un produit en ligne avant de l'acheter[67], une pratique qui s'est généralisée.

64. Étude réalisée par le comparateur de prix TrueCar.
65. Rapport Interbrand des Best Retail Brands.
66. Acronyme issu de l'anglais *Research Online, Purchase Offline*.
67. À la question : « Vous arrive-t-il de rechercher un produit en ligne avant de l'acheter en magasin ? », la réponse est oui à 90 %, selon l'étude DigitasLBi "Connected Commerce 2015".

L'inverse est vrai aussi : à de nombreuses occasions, le consommateur digital découvre un produit en magasin, où le contact physique avec le produit le rassure, puis l'achète en ligne. Ou adopte le modèle du « ***click and collect*** », et achète en ligne avant d'aller chercher les produits en magasin. Cette approche favorise les distributeurs classiques qui étoffent leur offre par des sites de vente en ligne (Fnac, Conforama...). Un modèle qui séduit car il rassure et légitime l'offre : on sait qui est derrière. Darty en est familier et, fort de son positionnement historique sur le service, le propose très spontanément à ses clients. Cela n'invalide pas le modèle inverse : choisir dans une boutique et se faire livrer, par exemple au bureau. Ou encore la prise de rendez-vous en ligne, pour venir faire un essai en magasin.

À cette inflation de modèles s'ajoutent les logiques de **O2O**[68], qui ont le vent en poupe, notamment en Chine. Il s'agit de l'offre de nombreuses start-up qui proposent des services « réservés » ***via* une appli** et rendus dans le monde physique. Il peut s'agir de restauration livrée (un secteur en plein essor, en témoignent les levées de fonds récentes de start-up comme Deliveroo, Take It Easy ou Tok Tok Tok, qui livrent des repas tout préparés), de pressing en ligne, comme de réservation de taxis ou de voitures pour des locations de courte durée.

Derrière cette diversité des approches, un trait commun : **le consommateur jouit d'une grande liberté**. Il échappe au modèle contraignant de l'achat physique en

68. *Online to Offline.*

magasin à un instant T. Il peut acheter à tout moment et dispose de plus d'outils pour le faire. Il utilise toutes les possibilités offertes par Internet pour obtenir les meilleures affaires et maximiser ainsi son pouvoir d'achat. Il est hypersollicité par les marques et les enseignes. Il se lasse vite. Il recherche les meilleures expériences. Cette complexité le rend plus difficile à saisir et à fidéliser. Les enseignes prennent acte et revoient en profondeur leurs modèles de distribution.

L'âge de l'omnicanal

Aujourd'hui les consommateurs veulent (et peuvent) acheter ce qu'ils veulent, où ils veulent, aux moments où ils le souhaitent. Un gros changement par rapport aux habitudes établies, qui étaient plutôt du registre du multicanal. Un client pouvait, bien sûr, acheter un produit sur des canaux différents, mais ceux-ci fonctionnaient de manière indépendante les uns des autres.

C'est le consommateur lui-même qui est à l'origine du concept d'omnicanal. **Ses parcours d'achat ont changé : ils fusionnent le monde digital et le monde physique**. Dans son processus de maturation de l'acte d'achat, il fait sans cesse des allers-retours entre les différents points de contact avec l'offre.

Imaginons le parcours de François, 40 ans, qui souhaite acheter une nouvelle voiture. Il se renseigne sur Internet, afin d'identifier les trois ou quatre modèles qu'il préfère et va glisser dans sa liste finale. Il va se rendre chez un concessionnaire, récupérer des brochures (à moins qu'il ne les télécharge), discuter avec les vendeurs pour se faire une opinion. Depuis la concession, il n'hésite pas à aller en ligne avec sa tablette pour chercher plus d'informations sur le produit ou consulter les avis de ses pairs afin de s'assurer qu'il n'y a pas de défaut caché, qui pourrait apparaître à l'usage. Enfin, il utilisera les comparateurs de prix pour identifier le canal le plus avantageux pour son achat, celui qui propose la voiture au meilleur prix.

Au final, il achète toujours une voiture, mais son chemin d'achat est radicalement différent. Il a accès à toute l'information, tout le temps, sur tous les supports… ce qui lui donne les moyens d'être dans une démarche d'achat, en allant voir des offres ou en consultant des avis en ligne le soir à 23 heures dans son lit, ou le matin à 7 heures dans le métro, s'il le souhaite. Il n'appuie plus sur *« off »* une fois arrivé à son domicile et jongle avec les canaux, côtoie le monde des marques en permanence et peut poser des questions sur celles-ci à tout moment.

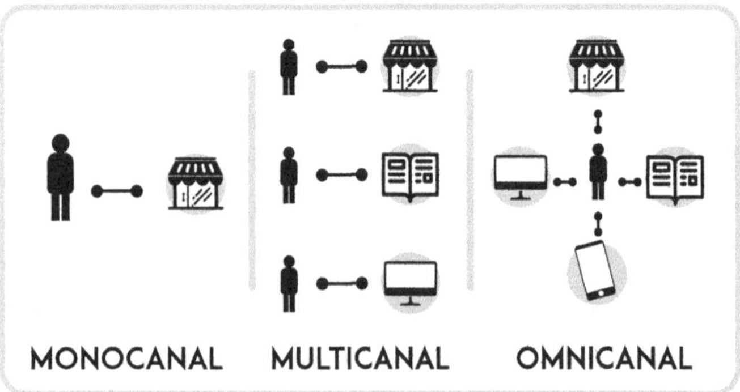

Du monocanal à l'omnicanal : le client au centre de l'écosystème de la marque

Face à ce changement des règles du jeu, les marques se concentrent sur un objectif : maximiser l'expérience d'achat.

Quel que soit le canal, du moment qu'il est un point de contact entre une marque et un consommateur, l'expérience doit être parfaite. Pour cela, il faut décloisonner les systèmes de pensée et raisonner à la fois en *online* et en *offline*, afin de proposer de meilleures expériences aux consommateurs, centrées sur la volonté de remettre l'humain au cœur du processus d'achat et non plus les canaux.

Comprendre ses goûts, mais aussi son style de vie, les lieux qu'il fréquente. Comprendre la façon dont se **structure son champ de choix et son chemin d'achat**, depuis la liste de plusieurs marques au début, jusqu'à la marque qui emportera son choix… Comprendre enfin les moments de vérité[69] qui jalonnent le parcours client.

Autant de questionnements qui sont devenus incontournables. Quelle information va-t-il chercher et sur quel canal ? Comment se hiérarchisent les informations obtenues pour conduire à la décision d'achat ? Quel rôle les différents *« devices »* vont-ils jouer dans le parcours d'achat ? Comment le consommateur optimise-t-il sa quête du meilleur prix ?

69. De l'expression américaine *« moments of truth »*, où, pour toutes les étapes importantes dans le parcours client, le taux de satisfaction et les *« pain points »* sont mesurés.

Quand la marque de cosmétiques Benefit échantillonne ses produits chez Starbucks, elle fait de l'omnicanal. Sans faire de longs discours, elle prouve à sa cible qu'elle l'a bien comprise, partage ses valeurs et ses inclinations. Les clientes de la marque souvent fans de Starbucks le prennent donc plutôt comme une attention, un signe qu'elles sont sur la même longueur d'onde que la marque. Une démarche qui sort des chemins de pensée par canaux et remet le client en position centrale.

La notion d'expérience n'est pas aussi simple à gérer qu'elle peut le sembler sur le papier. Les marques qui ont plusieurs niveaux de présence en « retail » sont confrontées au problème du décalage entre l'expérience promise en communication et la réalité. Axa peut faire une promesse relationnelle excellente en marketing digital, mais qu'en reste-t-il quand on franchit la porte d'un franchisé ? Ou qu'on se rend chez le concessionnaire Renault de Romorantin ? L'expérience vécue chez le concessionnaire est-elle à la hauteur de la promesse de la marque ? En sens inverse, quel est l'impact sur l'image si une marque distribuée chez Sephora est confrontée à un discours plus moderne et personnalisé de la part de l'enseigne, qu'elle ne peut le proposer elle-même ?

La question de la cohérence de l'expérience sur tous les points de contact « commerce » reste un point sensible.

Burberry s'est imposée comme un modèle de l'expérience omnicanale et digitale en quelques années. Depuis la stratégie **« digital first »** qu'elle a lancée en 2006, Burberry est devenue sans conteste une marque pionnière. Un signe de la réussite de ce tournant : Angela Ahrendts, ex-directrice générale de Burberry, qui a orchestré ce changement aux côtés de Christopher Bailey, a été recrutée en 2014 par Apple pour devenir vice-présidente en charge des magasins et des ventes en ligne. Un changement de poste qui avait fait parler de lui à l'époque, tant cette passerelle entre tecŸologie et monde du luxe était inédite. Burberry a utilisé le digital pour révolutionner la relation client.

L'intelligence de Burberry, c'est de ne pas se contenter d'adopter toutes les innovations digitales qui sortent, mais de les synchroniser entre elles, afin de créer un écosystème cohérent et fluide. En matière d'omnicanal, Burberry est désormais un exemple : les clients achètent en ligne et récupèrent leurs articles en magasin, demandent au vendeur à ce qu'il achète pour eux un article sur le site pendant qu'ils sont en magasin, et accèdent à un panier d'achat synchronisé entre mobile et ordinateur. Jusqu'à l'objectif de vendre en ligne *via* les réseaux sociaux à travers le monde.

Cette approche digitale s'est construite dans le temps, en une succession d'opérations :

- **Art of the Trench** : lancé en 2009, et étendu à l'ensemble du monde en 2014, Art of the Trench a rassemblé sur un site les photos d'une centaine de fans Burberry de pays différents portant le trench iconique. Les clients participants font partie d'un mouvement, d'une communauté : ils sont devenus des ambassadeurs qui coconstruisent la marque par leurs actions.

- **Burberry 360 :** est l'initiative *big* data de Burberry. Lancé en 2013, ce programme rassemble un maximum de données clients (avec leur permission) pour créer une expérience d'achat hautement personnalisée. En les invitant à partager leur historique d'achat, leurs préférences vestimentaires et leurs dégoûts, Burberry se constitue une base de données. Quand un client porteur d'une carte de fidélité entre en magasin, le vendeur peut consulter, en temps réel, son profil, son historique de visites sur le site, ses achats, les vêtements qu'il n'a pas choisis et ceux qu'il a achetés. Il est ainsi à même de lui faire des recommandations plus personnalisées, correspondant à ses goûts et à son style.
- **Flagship Store sur Regent Street :** avec ses 500 haut-parleurs et 100 écrans digitaux qui entourent un mur d'images géant dans le hall central, le magasin mélange réel et virtuel. Ouvert à Londres en 2012, il propose des expériences de marque inédites, comme le *live-streaming* des défilés de la *Fashion Week*, ou des animations insolites, comme la « douche de pluie digitale » qui recrée une averse par intermittence dans le magasin en hommage au produit phare de la marque, le trench-coat. C'est aussi un moyen d'organiser de grands shows digitaux en magasin, notamment autour du thème du rock que la marque tente de s'approprier. Le point de vente n'est plus seulement un lieu de vente, il devient un mode d'expression de la culture de marque.

- **Tweetwalk** : Burberry propose aux *followers* de la marque de suivre le *live* du défilé Burberry et ses coulisses sur Twitter ou dans les magasins. Le programme ***Click and Buy*** leur permet d'acheter en direct les vêtements du défilé dont les références apparaissent en temps réel, avant même que le produit ne soit commercialisé en magasin.
- **Réseaux sociaux** : Burberry est présente sur dix d'entre eux. La marque est très réactive pour adopter leurs nouvelles fonctionnalités. Constatant le succès grandissant de Snapchat, Burberry a proposé récemment sur l'application les photos de ses nouvelles créations, avant même le défilé de la collection printemps-été 2016.

Une approche innovante, au sens où elle met le client au centre de la démarche, et non plus seulement les canaux. Il ne s'agit plus de maximiser l'expérience sur chaque canal, mais bien de proposer une expérience de marque globale, déclinée de façon cohérente sur les multiples canaux qu'emprunte le consommateur quand il veut acheter un produit de la marque.

Quels enjeux pour les enseignes ?

Des modalités de paiement au rôle des vendeurs dans le processus d'achat, en passant par l'expérience en magasin ou les nouveaux services proposés, le paysage du commerce est en train de se redessiner. Petit tour d'horizon en cinq points clés.

Le magasin devient connecté

Le magasin de demain ne sera plus le même. Il proposera plus de services et de conseil, il sera plus connecté. Les habitudes en magasin changent : celui-ci n'est plus un sanctuaire où l'on est isolé, seul face à soi-même pour décider, si oui ou non, on va concrétiser et passer à l'achat. Aujourd'hui les consommateurs ne se privent pas de communiquer alors qu'ils sont sur le lieu de vente : 55 % des consommateurs téléphonent ou textent à leur famille ou à leurs amis pendant qu'ils sont en train de faire du shopping[70]. Aller en ligne pour chercher des informations sur le produit qu'ils envisagent d'acheter, ou consulter des avis de consommateurs, n'est plus un acte isolé : 43 % des personnes interrogées admettent utiliser un smartphone en magasin pour trouver de meilleures offres[71], des réductions ou simplement se rassurer sur leur choix. Des comportements qui se banalisent auprès des jeunes, notamment de la génération Z[72], pour qui la communauté digitale est devenue un des principaux points de référence.

---

70. Étude Digitas "Retail Ecosystem Research 2015". À la question : « En magasin, vous arrive-t-il de… »
    - Téléphoner ou texter un proche (famille/amis) pour lui demander son avis : 55 %.
    - Envoyer une photo du produit à un proche pour avoir son opinion : 51 %.

    La méthodologie : méthode des quotas sur une population de Web *users*/1 000 Web *users* dans 17 pays.
71. Étude Havas Worldwide « 15 *insights* sur les nouveaux consommateurs aujourd'hui et en 2025 ».
72. Génération Z : les « digital natives » nés entre 1996 et 2010, ayant grandi connectés.

Les marques et les enseignes prennent acte de ces changements et explorent des concepts de magasins communiquants correspondant aux parcours d'achat des consommateurs connectés. Une dynamique qui concerne tous les secteurs du commerce, des boutiques de mode aux grands magasins, en passant par les chaînes de restauration franchisées. Ainsi, les banques expérimentent et proposent des agences digitalisées, préfigurant l'agence bancaire de demain.

Sephora teste un concept de magasin connecté avec Sephora Flash. L'enseigne est particulièrement exposée aux changements des modes de consommation qui affectent fortement le monde de la beauté. Elle prend les devants et propose un magasin entièrement connecté[73] par le biais de nombreux écrans tactiles qui lui donnent accès aux produits présents dans la boutique (en nombre plus limité, le magasin étant beaucoup plus petit que les Sephora habituels) ainsi qu'à tous les autres produits du stock Sephora. Le magasin met aussi en valeur les avis des consommateurs présents sur les murs de la boutique ou des services de « cross selling » chers aux e-commerçants, du type « si vous aimez cela, le reste devrait vous plaire aussi ».

Le mariage du commerce et des réseaux sociaux ne fait que démarrer. Il a de beaux jours devant lui. Nombre d'enseignes font des expériences au carrefour de ces deux mondes et testent des initiatives. **Ralph Lauren** essaye les vitrines connectées dans les cabines d'essayage.

73. Sephora Flash, 66 rue de Rivoli, Paris.

Les vêtements sont équipés d'une puce RFID, qui permet de reconnaître les articles que le client a choisis et affiche leurs caractéristiques sur les écrans. Mieux, le client a accès à toutes les tailles disponibles en magasin. S'il souhaite essayer une autre taille, plus besoin de se rhabiller, une pression sur l'écran permet d'envoyer une notification à la vendeuse, qui propose spontanément la taille désirée[74].

Il en va ainsi de **C & A au Brésil**, qui met en avant des cintres compteurs de *likes*. Les vêtements exposés sur les cintres électroniques sont équipés d'un compteur de *likes* directement connecté à la page Facebook de la marque. Encore en période d'expérimentation, cet univers foisonne d'initiatives. Du côté de la marque **Bonobo Jeans**, l'expérimentation se fait avec une opération spéciale, liée à une application « *Like the Look* » disponible sur la page Facebook de la marque. Pendant une période limitée, plus un produit est liké, plus son prix baisse.

L'enseigne de prêt-à-porter **Jennyfer** propose des iPad à la sortie des cabines d'essayage qui incitent la cliente à se connecter à la communauté de la marque. Si celle-ci a un doute sur son look, elle se prend en photo et envoie, *via* une application, la photo à la communauté dont les membres lui donnent leur avis par e-mail. Une façon de prendre acte des nouveaux comportements et de tenter de reprendre la main sur la connexion avec les réseaux sociaux sur le lieu de vente.

74. Exemples disponibles sur le blog www.connectedstore.com.

Les **centres commerciaux** ne sont pas en reste. Pour générer du trafic et maximiser l'expérience de shopping, ils proposent et animent des pages Facebook. Une façon de développer la dimension relationnelle et d'interagir avec les clients, afin qu'ils ne voient pas seulement le centre commercial comme un simple agrégat d'enseignes, mais bien comme une marque à part entière. Cette initiative est prolongée par une stratégie d'applications qui géolocalisent les clients (grâce aux *beacons* : balises Bluetooth qui émettent un signal interprété par le téléphone quand on passe à proximité[75]) quand ils sont sur le centre et leur proposent des notifications sur les promotions en cours, ou même un café offert dans un restaurant. Grâce aux nouvelles tecŸologies, le centre commercial n'est plus seulement un lieu de passage ; il devient un média à part entière : il propose des contenus et communique des informations.

Au-delà de la vente, le service

L'axe du service est une des clés pour permettre aux magasins de créer de la valeur et de se différencier des offres en ligne. Ceux-ci prolongent l'expérience client en proposant d'aller plus loin. Une façon d'inscrire dans la durée la relation avec une enseigne, et non pas de la limiter au moment où le client est en magasin.

Dans le monde digital, la relation avec le vendeur peut se prolonger au-delà du moment du contact en

75. Entretien avec Delphine Beer-Gabel, directrice de la communication de Klépierre, mai 2016. On note une quarantaine de *beacons* sur le centre commercial Créteil Soleil.

magasin. Une application comme Instaply, proposée par une jeune start-up, a déjà été adoptée par certains distributeurs comme Norauto, The Phone House ou Leroy Merlin. Elle permet de se connecter par textos avec son vendeur afin de lui poser des questions si besoin. Le vendeur devient plus accessible, il descend de son piédestal et se positionne d'égal à égal avec son client, afin de l'aider dans l'appropriation du produit qu'il vient d'acheter ou de répondre à ses questions.

La valeur ajoutée des services peut prendre de multiples formes. Darty propose de prendre rendez-vous en ligne avec un vendeur, afin d'éviter l'attente en magasin ou de s'assurer de la présence de son vendeur préféré. L'enseigne a lancé depuis peu une plateforme de mise en relation avec des professionnels grâce à son service « Les petits travaux en toute proximité ». Des personnes compétentes, sélectionnées par l'enseigne, viennent à domicile effectuer des petits travaux de bricolage. Domyos (une marque du Groupe Decathlon) prolonge son offre de nouveaux services personnalisés, comme la formation, des cours de fitness ou des services de coaching personnalisé utilisant des vidéos. Leroy Merlin met en ligne, à la disposition de ses clients, plus de 200 articles et vidéos de conseils. *« L'enseigne ne se borne donc plus à aider le client à choisir le bon produit, mais lui fournit les moyens de bien s'en servir. Cette extension de la relation au-delà de l'achat est certainement une voie d'avenir pour les produits à forte tecŸicité ou les activités pratiques (bricolage, jardinage, animalerie, loisirs créatifs…). Prochaine étape : pousser ces contenus de façon ciblée et personnalisée. Leroy Merlin va-t-il bientôt "pousser" par e-mail le bon tutoriel au client qui vient d'acheter du carrelage pour salle de bains ou un parquet flottant*[76] *?* »

Face à la concurrence du commerce en ligne, les magasins résistent, et explorent de nouvelles voies pour créer de la valeur et maintenir une préférence pour le lieu de vente physique. Le **magasin serviciel** est un des axes qui semble promis à un bel avenir car il répond aux nouvelles exigences des clients, et permet de construire une relation et une expérience d'achat plus personnelles.

La révolution des formes de paiement

Aujourd'hui déjà, plusieurs objets de notre vie quotidienne sont connectés. Un passeport, un pass de transport, une carte de crédit sont des objets offrant déjà, ou pouvant offrir, la possibilité de payer sans contact. Avec le développement de l'Internet des objets, ceux-ci vont se multiplier et l'on pourra demain payer depuis de nombreux objets. L'iPhone est déjà entré en service avec le système Apple Pay, autorisé aux États-Unis ou en Angleterre (mais pas encore en France). Demain, la montre connectée fait office de sérieux candidat au paiement sans contact.

Certaines start-up, comme Think&Go[77], profitent de ces nouvelles possibilités pour proposer des solutions de paiement innovantes, ouvrant le champ des possibles pour les paiements de demain. Il s'agit de parsemer

76. Tribune d'Eric Lebailly dans la newsletter E-marketing « La révolution servicielle est en marche dans le retail ».
77. Entretien avec son fondateur, Vincent Berge, le 10 mai 2016.

les parcours clients d'écrans équipés de la technologie NFC permettant de payer sans contact. Ces écrans sont disposés à des points clés, sur des lieux de passage, comme les centres commerciaux, les grandes rues passantes, les gares ou le métro. C'est, par exemple, le cas sur les Champs-Élysées de Singapour : l'avenue Orchard est équipée d'une dizaine d'écrans connectés, situés aux arrêts de bus. Au moyen d'un objet connecté, comme la carte de crédit, on peut, par exemple, profiter d'offres promotionnelles dans les magasins situés à proximité, qui s'affichent sur l'écran. En France, la BNP a fait le choix d'intégrer ces écrans dans certaines de ses agences pilotes. Et propose des bons de réduction valables dans les enseignes proches de l'agence bancaire, ou encore la possibilité de verser un don à une association caritative.

Imaginez : dans le métro, vous croisez une affiche pour une pièce de théâtre. L'écran à proximité propose une réduction de 50 % sur le spectacle du soir même, car il reste des places libres. Ou, en gare de Lyon, vous vous apprêtez à prendre votre billet de train, quand l'écran suggère d'acheter à tarif réduit une place en première classe, car il y en a de disponibles.

Ce système d'offres proposées à un instant T et en un lieu X surfe sur la tendance forte de la recherche de bonnes affaires et de l'achat groupé ou d'impulsion. Une logique qui fait le succès de sociétés comme Groupon ou Vente-privée, car elle propose une nouvelle façon de faire des achats d'impulsion, grâce au paiement sans contact. Après le e-commerce et le m-commerce, peut-être, demain, l'avènement du *screen* commerce ?

Valoriser le magasin par le conseil

Comme son nom l'indique, le lieu de vente a longtemps été considéré exclusivement sous l'angle transactionnel. Il s'ouvre aujourd'hui à de nouvelles dimensions en travaillant le relationnel et l'expérientiel.

Le consommateur digitalisé, dans les domaines où il est impliqué, devient expert. Sa fréquentation des blogs, des comparateurs en ligne, des tutos sur YouTube, des avis de pairs et de tous les outils d'information offerts par le digital lui permet de se situer sur un pied d'égalité avec le vendeur. Les dimensions les plus pratiques et fonctionnelles, c'est-à-dire la transaction et l'acheminement des produits, peuvent être parfaitement gérées par le digital. Les enseignes capitalisent sur le qualitatif et s'orientent vers une valorisation du moment passé avec leurs clients en magasin.

Cela passe notamment par la mise en valeur de l'humain qui est enfoui derrière chaque vendeur. Les profils de recrutement peuvent en être modifiés, au profit de passionnés (passionnés de beauté et maquillage pour Sephora, ou de culture pour la Fnac), qui seront à même d'orienter le client dans ses choix, de façon plus émotionnelle et intuitive qu'un vendeur « classique ». Capables d'utiliser la data, grâce au programmatique, ces vendeurs pourront connaître les préférences et l'historique d'achat des clients présents dans leur magasin avant même d'entrer en contact avec eux. Ces informations les aideront à proposer des conseils à la fois plus personnalisés et plus pertinents, en phase avec les préférences de leurs clients. À consommateur augmenté, il faut proposer une relation augmentée.

Expérience et culture de la marque enseigne

C'est le meilleur moyen de proposer des expériences d'achat plus fortes. La « *brand* culture », c'est-à-dire la dimension culturelle associée à chaque marque, permet de différencier et même de rendre uniques les expériences d'achat. Elle engendre la perspective de lieux **plus hybrides, au carrefour de la culture de marque et du commerce**. Des lieux qui valorisent l'expérience physique et la valeur plaisir, en intégrant une dimension émotionnelle, pour mieux se différencier de l'e-commerce, confiné aux bénéfices de praticité et de simplicité.

C'est tout le travail qui est en train d'être fait par **Europa City**, qui propose un concept innovant en vue d'une ouverture programmée en 2024. Situé au nord de Paris, entre les aéroports de Charles-de-Gaulle et du Bourget, Europa City deviendra le point de rendez-vous du Grand Paris. Il conjugue une offre innovante en matière de commerce, *via* de nombreux espaces de vente au service des marques, une offre culturelle ayant une vocation de divertissement, des hôtels et restaurants, un parc proposant des activités sportives et de détente. La gestation de ce projet hybride, qui réconcilie commerce et loisirs, est peut-être la préfiguration de nouveaux modes de vie, où le commerce ne se pense plus comme un élément isolé des autres composantes de nos vies.

La marque Kiehl's construit son succès et sa croissance à deux chiffres sur la bonne compréhension de ce phénomène. La marque, qui possède son propre réseau de boutiques, ne cherche pas à vendre à tout prix (essayez aujourd'hui, achetez plus tard, va-t-elle jusqu'à proposer en offrant des échantillons). Elle préfère valoriser son propre *storytelling* et sa culture par la présence en boutique d'objets inhabituels pour une marque de cosmétiques, comme les Harley-Davidson qui trônent à chaque point de vente. Pas une boutique Kiehl's sans sa Harley. Une façon de se réapproprier certaines valeurs de la marque de légende, comme l'authenticité ou l'américanité. L'autre pilier du territoire Kiehl's est la caution pharmaceutique qui se traduit par un esprit « apothicaire » rétro-contemporain en boutique et des vendeurs en blouses blanches, restant très accessibles, au service de chacun.

Pour Kiehl's, ces codes de marque sont essentiels : ils sont les ingrédients d'une expérience de marque et de vente unique. Quand on est chez Kiehl's, on n'est pas chez Marionnaud. Et tous les signes émis par la marque communiquent afin de construire ce moment à part.

Cette tendance vers l'expérience en magasin se traduit aussi par le besoin qu'éprouvent les « *pure players* » digitaux d'investir des lieux physiques qui rendent tangible et appropriable leur culture. Les ***« pop-up stores »***, ces magasins éphémères, offrent la possibilité aux acteurs digitaux d'exister physiquement à des coûts maîtrisés, et de proposer ainsi une expérience de marque plus complète. My Little Paris en a ressenti le besoin et a ouvert à l'été 2016 une maison de vacances en plein cœur de Paris.

Le point de vue américain de Catherine Barba[78]

Ce qui a le plus changé avec Internet, c'est que nous sommes entrés dans l'ère de la relation. Plus aucune entreprise ne doit croire que son métier est de vendre des produits : il y a une tout autre dimension qui relève de la relation, de l'émotion, du lien. Quel que soit son secteur, si l'on veut se différencier et durer, c'est d'abord une expérience que l'on doit vendre, des solutions, un partenariat jugé utile par le client, personnalisé, avec une forte dimension d'écoute et d'attention. C'est cela que les Américains appellent « *value for money* ». C'est la valeur associée à ce que je paye pour un produit ou un service. Cela a toujours été vrai, mais ça l'est de façon autrement plus prégnante avec la concurrence d'Internet. Dans cette logique, que ce soit en BtoC ou en BtoB, le client veut garder du lien après l'achat. Si la création de ce lien coûtait cher avant Internet, ce n'est plus le cas aujourd'hui.

Ce qui compte, ce n'est plus la transaction mais le lien. Ce n'est plus le médium, mais le contenu des messages. Avec la data, le « one to one » n'est plus un fantasme. Le digital est la promesse d'une extraordinaire proximité pour les commerçants, d'une personnalisation plus forte que jamais, à distance.

Bienvenue dans le monde de la réalité virtuelle

La réalité virtuelle n'est plus si virtuelle que cela. Elle devient même une réalité tout à fait concrète avec le développement de l'offre de caméras à 360 degrés qui la met à la portée de tout un chacun. Celles-ci sont équipées de plusieurs capteurs grands-angles, qui permettent de filmer sous plusieurs angles et d'assembler les images pour créer des contenus visibles à 360 degrés. Elles proposent de voir une scène, tout en pouvant changer l'angle de vue dans n'importe quelle direction. Le

78. Catherine Barba a fondé le PEPS Lab à New York, sur les tendances et l'avenir du retail.

grand public peut en profiter, avec une nouvelle offre de caméras qui permet aux amateurs de produire des contenus à 360 degrés.

Le développement des caméras s'accompagne de la mise sur le marché des lunettes ou casques de réalité virtuelle. Après plusieurs années de « teasing », alors qu'ils en étaient au stade de prototypes, les lunettes et casques de réalité virtuelle Oculus Rift sont désormais disponibles. Leur rachat pour 2 milliards de dollars en 2014 par Facebook avait donné une idée de leur potentiel. Selon Mark Zuckerberg, ils vont tout simplement *« changer la manière dont nous travaillons, jouons et communiquons »*. En effet, les domaines des jeux vidéo et du cinéma pourront en être bouleversés, en proposant la possibilité d'être immergé dans un personnage ou un environnement en 360 degrés.

Cette capacité d'immersion ne laisse pas insensibles les commerçants. Certes, les lieux devant gérer de gros flux comme les hypermarchés sont moins sensibles à cette innovation. En revanche, comme le précise Michel Montrosset, directeur marketing de Samsung[79], les magasins qui proposent des réponses individuelles sont intéressés en premier lieu par le potentiel de la réalité virtuelle. Ikea propose déjà une application qui permet de concevoir sa nouvelle cuisine au plus près des dimensions de sa cuisine actuelle. Demain, la **réalité virtuelle** permettra au client de se projeter au cœur d'un parc de loisirs. Elle deviendra un outil de choix pour faire

79. Entretien du 20 mai 2016.

rêver sur un séjour de vacances lointain ou imaginer une chambre d'hôtel. Certains magasins proposeront des expériences nouvelles en permettant, par exemple, de visualiser son intérieur avec de nouveaux meubles virtuels. L'imagination est toujours là, mais elle se construit à partir de bases plus solides.

***

Certains pensaient assister à un grand chassé-croisé entre la distribution physique et digitale, cette dernière ayant vocation à se substituer au commerce classique. Mais les choses ne sont pas aussi simples. Le monde du commerce est en ébullition et génère un éventail d'opportunités passionnantes à analyser. En témoigne le foisonnement d'acronymes[80] vite lancés, vite dépassés. Il faudra certainement identifier les effets de mode et les gadgets, afin de trier le bon grain de l'ivraie. Mais cette réalité est bien là et les marques ne peuvent rester immobiles dans cet environnement qui remet en cause nombre de réflexes acquis.

Les consommateurs ne font plus leur shopping de la même façon qu'il y a dix ans et les approches pour les séduire ne sont plus les mêmes. À l'âge des réseaux sociaux, les magasins n'ont pas seulement l'objectif de proposer de nouvelles expériences d'achat, ils sont aussi des médias et doivent gérer leur audience.

80. Hopie : Hyperinformation, Omnicanal, Personnalisation, Instantanéité et Expérience…

Cette révolution organisationnelle et culturelle ne doit cependant pas masquer la dimension humaine de l'acte d'achat. En fin de compte, il y a toujours une personne face à un produit. Plutôt que de privilégier le tout-tecŸologique, il faut penser humain avant tout, et proposer des expériences restant simples et accessibles sans contraintes.

6

Le consommateur augmenté et les marques

Le digital change la vie des gens et façonne une nouvelle génération d'individus. Les comportements de consommation en sont affectés. L'économie collaborative, l'influence du mobile dans la construction des préférences, la révolution des parcours d'achat, le rôle des médias sociaux dans l'« *empowerment* » des consommateurs, les nouveaux réflexes de personnalisation issus de la data… les grands thèmes traités dans cet ouvrage façonnent une nouvelle génération de consommateurs.

Ce chapitre a pour objet de dresser un portrait synthétique du consommateur digital. Les idées transhumanistes mettent en avant la possibilité d'« augmenter », c'est-à-dire d'améliorer, l'être humain, grâce au progrès tecŸologique. *« Sera-t-il possible un jour d'augmenter à volonté tel ou tel trait de caractère, l'intelligence, la taille, la force physique ou la beauté de ses enfants ? »*, questionne Luc Ferry[81]. Nous empruntons ce vocable pour évoquer un « consommateur augmenté », c'est-à-dire un consommateur qui s'est approprié les nouvelles tecŸologies pour s'améliorer.

---

81. Luc Ferry, *La Révolution transhumaniste. Comment la tecŸomédecine et l'ubérisation du monde vont bouleverser nos vies*, Plon, 2016.

Comprendre le nouveau consommateur, c'est aussi évaluer son impact sur les marques. Celles-ci doivent se remettre en question et faire évoluer leurs approches marketing. La seconde partie de ce chapitre se penchera donc sur les nouvelles attentes vis-à-vis des marques et les tendances marketing qui en découlent.

Le consommateur digital, un consommateur augmenté

Dans un célèbre livre de management, dédié à la technologie et à l'innovation, Geoffrey Moore[82] précisait qu'il y a un abîme entre les *« early adopters »* d'une technologie et le grand public. La courbe d'adoption d'une innovation n'est donc pas linéaire. Elle est scindée en deux par un gouffre, qui représente la difficulté d'accès du grand public à l'innovation. Certaines offres ne parviennent pas à surmonter cet obstacle pour sortir de la communauté des initiés et développer leurs marchés.

L'histoire a donné raison en de nombreux cas à cette théorie, mais pourtant, quand on en vient aux nouveaux usages digitaux appliqués à la consommation, on ne peut être que frappé par la rapidité d'adoption des nouveaux comportements. Il n'y a plus de gouffre ! Il n'y a pas d'obstacle tecŸologique à l'appropriation par les consommateurs des outils digitaux et les nouveaux comportements se propagent rapidement auprès du grand public.

82. Geoffrey Moore, *Crossing the Chasm*, Harper Business, 1991.

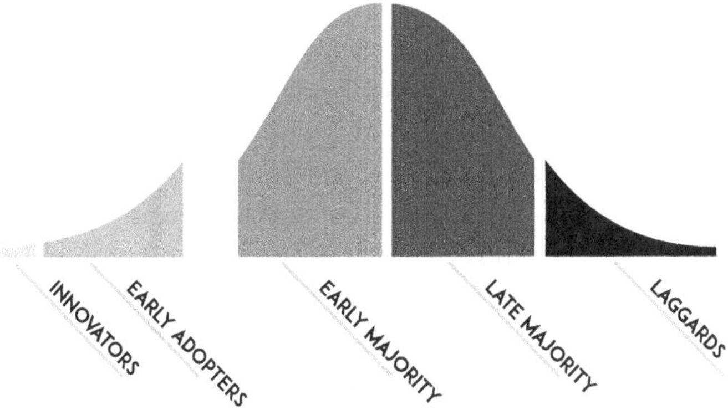

Le cycle d'adoption de la tecÚologie selon Geoffrey Moore

Les outils digitaux entre les mains du consommateur changent en profondeur ses comportements et lui offrent de **nouvelles possibilités**. Il gagne en expertise, il a plus de moyens à sa disposition pour connaître et comparer les offres, il interagit avec les marques… Il est dans le temps réel et l'ubiquité. Libéré des contraintes, il peut apprendre, échanger et communiquer à tout moment.

Les *insights*, ces croyances que les consommateurs ont en tête et qui structurent leurs comportements de consommation, évoluent. Ils traduisent une modification en profondeur du rapport à la consommation. À tous les niveaux de consommation, de nouveaux *consumer insights* naissent et prennent le relais des anciens.

Le consommateur digital est dans le domaine du « plus » : d'où l'idée d'un **consommateur augmenté**, qui a plus de cartes en main pour faire ses choix et construire un rapport de force différent avec les marques.

Un consommateur plus actif

Le consommateur est devenu acteur de sa consommation. Il y a un avant-après la rupture digitale. À toutes les étapes précédentes de la société de consommation, il était dans une posture passive. Abreuvé de stimuli publicitaires, il finissait par choisir la marque qui avait parlé le plus fort, et dont la présence à l'esprit et la notoriété prenaient le dessus sur ses concurrents. Pour chaque besoin, le choix était limité à quelques marques.

Le consommateur s'est mis en mouvement. À chaque attente, il **slalome entre un plus grand nombre d'offres, de solutions, de marques**. Il peut apporter plus de **variété à sa consommation** en choisissant de « désintermédier », de détourner les circuits classiques et de s'adresser, par exemple, directement à des producteurs. Plutôt que d'aller à l'hôtel, il peut choisir de passer une nuit chez un particulier qui lui loue son appartement. Ou encore, de proposer des cours d'anglais contre une séance de bricolage à domicile. Pour s'orienter dans ces choix, il a intégré le réflexe de vérifier les avis, de comparer les offres, voire de poser des questions sur les forums à d'autres utilisateurs de la marque convoitée.

Il devient le **manager de sa consommation** et fait ses propres arbitrages : il mutualise certaines dépenses comme les transports, afin de les réduire. Il va jusqu'à associer la consommation à une nouvelle source de revenus, et pas seulement un centre de coûts. Il réalise qu'il peut devenir vendeur de services et en tirer un revenu. Il se met à troquer, échanger, ou recycler.

Il devient plus participatif. Il aide les autres consommateurs en donnant des avis en ligne, voire des conseils sur les forums. Il met la pression sur les marques en distribuant de bonnes ou mauvaises notes aux achats qu'il a faits. Et, s'il le juge utile, il peut aussi contribuer à l'offre des marques par des actions de cocréation.

Ces évolutions changent les règles du jeu entre le consommateur et les marques, à deux niveaux.

La question du pouvoir

Sur les réseaux sociaux, il est actif et peut s'indigner si une marque manque de transparence ou, au contraire, s'enthousiasmer pour une vidéo, qu'il transmettra de manière virale à ses contacts. En cela, il devient un média, c'est-à-dire qu'il conçoit et véhicule des contenus sur les marques qui peuvent affecter leur réputation. Et les médias ont toujours constitué un garde-fou, un contre-pouvoir contre les autorités dominantes. Dans le rapport de force entre les marques et les consommateurs, basé notamment sur le prix, le consommateur **reprend une parcelle du pouvoir**. Ce pouvoir, c'est la liberté dont il dispose dans son rapport aux marques. Il n'a plus la seule option binaire d'acheter ou de ne pas acheter. Il peut aussi contourner, commenter, partager, ou même se procurer un service sans l'acheter…

L'hostilité déclarée au marketing intrusif

La publicité criarde et racoleuse des bannières sur Internet a laissé des traces dans l'esprit des consommateurs. Mais, plus généralement, le modèle du marketing intrusif n'est plus accepté. La stratégie du *« repetition is persuasion »*, qui a fait ses preuves, rencontre ses limites.

Le consommateur augmenté n'est pas plus intelligent, mais il consomme plus intelligemment. Il ne veut plus que les marques s'imposent à lui de façon interruptive et dispose, par ailleurs, avec les *adblockers*, d'un outil efficace pour éviter cela et, une fois encore, retrouver une forme de pouvoir dans sa relation aux marques. Il est loin d'être hostile aux marques, ou désimpliqué dans sa consommation, mais il préfère aller vers elles quand il en a le temps et l'envie, plutôt que de subir leurs assauts à des moments où il ne le souhaite pas.

Un consommateur plus volatil

Dans l'automobile, un secteur historiquement fidélisant, la fidélité n'est plus d'actualité. C'est aujourd'hui un Européen sur deux qui, à l'occasion du renouvellement de sa voiture, change de marque. *« Si je n'accroche pas, je zappe. »* Dans un contexte où il veut exercer pleinement sa liberté de choix, **le client n'est plus captif.** Au contraire, il est curieux, ouvert à de nouvelles expériences. En contrepartie, il se lasse vite et attend des nouveautés. Submergé par les informations et les sollicitations, son attention est limitée.

Il expérimente de nouveaux canaux d'achat, de nouvelles marques, de nouvelles offres. L'ère du client acquis et fidèle correspondait au monde d'avant, dont les contours étaient stables.

Le consommateur est volatil et multiactif sur la Toile. Il aime changer, renouveler, il est infidèle et capricieux, et ce ne sont pas les occasions qui manquent : il est hypersollicité. Qu'il s'agisse de notifications des marques, de SMS, d'apps, de promotions ou de bons plans, les incitations sont nombreuses. Quand il décide de faire un achat, parfois pulsionnel sur Internet, il se situe de plus en plus dans une logique de court terme[83] et attend des gratifications instantanées.

Il est partout et, à la fois, pas vraiment là. Il s'engage et se désengage selon ses intuitions. Avec six écrans en moyenne par foyer, il est de plus en plus connecté… et paradoxalement, de plus en plus difficile à atteindre. Dans sa consommation multitâche, sur quel écran est-il au moment où la marque s'adresse à lui ?

En effet, il profite du large choix qui s'offre à lui. Il navigue en stratège dans cette mer d'offres et fait tout pour optimiser son pouvoir d'achat. À titre d'exemple illustrant ces nouveaux comportements, un produit de luxe est souvent plus cher en Chine qu'en France. Que fait le consommateur chinois ? Il change son adresse IP pour acheter sur le site français et gagner sur le prix de vente. Agile, avez-vous dit ?

Un consommateur plus pragmatique

Le consommateur digital, dans certains de ses choix, tend à **valoriser plus les objets pour leur utilité que leur possession.** La valeur d'usage prend le dessus sur la valeur d'image. Il est, d'une part, lassé de l'obsolescence programmée, des vraies-fausses innovations, et des limites de l'accumulation d'objets de consommation courante.

83. Voir « Le marketing du futur », article d'Olivier Ezratty sur le site Frenchweb, qui développe la notion de court-termisme.

D'autre part, il a désormais les moyens d'y échapper, grâce aux possibilités offertes par le digital. Hier, le seul choix qui s'offrait à lui était l'achat neuf ou d'occasion. Aujourd'hui son champ de choix s'est élargi. L'achat d'un produit n'est plus automatique. L'accès à un service ou à un produit peut se faire de multiples manières et à tous les prix.

Le réflexe de la possession a vécu et celle-ci n'est plus automatique. Sur certaines catégories, comme les produits culturels, où l'offre est si abondante qu'elle engendre des usages limités dans le temps, on peut faire l'impasse sur la possession. Le marché du CD est en baisse, car on préfère aujourd'hui écouter sa musique en streaming au fait de posséder un CD.

Le consommateur digital est pragmatique : plus sensible au prix, exposé à un niveau plus élevé de contrainte budgétaire, il n'hésite pas à faire de nouveaux arbitrages, à renoncer à la propriété sur certains postes de consommation pour préserver son pouvoir d'achat. Il va même, parfois, jusqu'à inverser le modèle ponctuellement en devenant prestataire de services afin de réduire ses coûts ou de générer un revenu supplémentaire, et n'hésite plus à **utiliser le digital pour optimiser son pouvoir d'achat**. Il veut payer au juste prix et se soucie de la valeur de revente des biens qu'il acquiert.

Il met en place des démarches actives pour trouver de « bons plans » et faire des économies. Cette approche est décomplexée, elle ne génère plus de culpabilité. En témoigne le nom de certains sites comme radins.com qui revendique le slogan : *« Tous consommateurs, tous radins ! »*

Les comparateurs de prix, qu'ils soient généralistes comme Kelkoo ou LeGuide, ou spécialistes d'une catégorie comme Lesfurets.com ou LeLynx dans l'assurance, ou Liligo, Trivago ou Kayak dans les voyages, sont devenus monnaie courante.

Les sites d'avis où l'on s'exprime sur les produits en échange de bons de réduction ou de gratuité pullulent. Leur nom est souvent explicite comme www.monavislerendgratuit.

Les sites de « bons deals » comme Groupon basé sur l'achat groupé, KGB Deals ou iGraal... proposent de réaliser des économies substantielles. En lançant tous les jours de nouvelles offres, à l'échelle d'une ville ou au niveau national, KGB Deals offre à ceux qui se positionnent rapidement la possibilité de bénéficier de réductions de 50 à 90 %. C'est dans cet environnement que baignent les consommateurs d'aujourd'hui.

La culture Internet est celle d'un outil où l'achat malin est perçu positivement. Il en découle de nouvelles sources de valorisation de soi associées à l'idée de ne pas « être un pigeon », de ne pas acheter comme tout le monde, d'expérimenter des offres nouvelles. Ces *« deal seekers*[84] » ne sont pas de simples chasseurs de prix. Pour leurs achats importants, ils veulent le meilleur rapport qualité-prix du marché et sont prêts à passer du temps en ligne pour l'obtenir.

84. Expression que l'on pourrait traduire par « chasseurs de bons plans ».

Un consommateur plus expert et plus exigeant

Dans les catégories qui l'intéressent (comme la beauté, l'automobile ou les loisirs...), le consommateur augmenté sait trouver les sources d'accès à l'information sur les offres et les marques, afin de « consommer avisé ». Il utilise de nombreuses sources comme les sites de marque, les forums, les avis de consommateurs, les sites de tests produits, voire les agrégateurs d'offres comme beaute-test.com ou Tripadvisor.

Sa culture de la consommation est élevée. Il connaît bien le marketing. Il sait distinguer les bonnes opportunités des promesses floues. Il devient lui-même un producteur de contenus et de conseils *via* des avis, des tutos, un blog ou une chaîne YouTube. Au final, bien informé, il devient parfois aussi expert qu'un vendeur d'une concession automobile ou qu'une conseillère beauté, ce qui n'est pas sans générer de nouveaux défis pour les marques.

Il est exigeant. Avec du réseau partout, il n'a plus de temps mort, et attend des réponses rapides des marques, voire des conseils en temps réel. Il attend des marques qu'elles soient des producteurs d'expériences. Il est intransigeant sur les questions de l'honnêteté et de la transparence, et ne tolère plus que les marques lui mentent ou lui cachent la vérité. Il peut accéder, en quelques clics, à des informations qu'il juge fiables et peut vérifier les faits mis en avant par les marques.

Un consommateur en quête de personnalisation et de relation

Le consommateur augmenté, c'est le primat à l'individu, qui succède aux cibles massifiées et indifférenciées, comme la ménagère de moins de 50 ans ou le CSP +. Quand un client envoie un mail à une marque, ce n'est pas le CSP + qui s'exprime, c'est la personne qui est mécontente. Le digital permet de s'adresser à des gens avec lesquels on dialogue, et non plus à des cibles passives et abstraites. **La capacité à nouer une relation individualisée, à proposer des réponses personnalisées aux questions posées est un point important pour générer et entretenir de la préférence de marque.**

Dans sa consommation média, le consommateur a pris l'habitude du « où je veux, quand je veux ». Progressivement, il monte en compétences en faisant de nouvelles expériences de consommation et découvre de nombreuses propositions personnalisées, de la bouteille de Coca-Cola à son prénom à la possibilité de recevoir des échantillons de produits de beauté qui correspondent à son type de peau et à ses goûts, comme le propose déjà L'Oréal aux États-Unis. Un scanner passé sur la peau permet de livrer quelques minutes plus tard un fond de teint sur mesure, adapté à un type de peau avec la couleur désirée et la bonne dose d'agents hydratants, le tout fabriqué sous les yeux de la cliente[85].

85. Cité dans *Les Echos* du 11 juin 2016.

La notion de personnalisation ne passe pas seulement par le produit, elle correspond à une attente de relation plus personnalisée.

Le consommateur augmenté, pour les marques et les enseignes auxquelles il est attaché, souhaite une véritable écoute, une connaissance de ses attentes, le développement de services ou de petites attentions pour nourrir cette relation. L'univers digital se prête bien à l'entretien de ce lien, nécessairement plus émotionnel, qui unit le consommateur à la marque. Ayant compris le potentiel de la relation pour les marques, Facebook[86] infléchit sa stratégie et met le service Messenger à leur disposition, afin qu'elles puissent l'utiliser pour travailler sur une relation plus instantanée avec leurs consommateurs.

Un consommateur plus citoyen

Le consommateur digital est mieux informé. Il a une conscience plus aiguë des effets négatifs sur l'environnement de certains de ses choix en matière de consommation.

Enjeux de santé publique liés à la consommation, polémiques sur l'image de la femme ou des minorités, crises associées à des produits, mensonges d'entreprises… autant de thèmes qui ont alerté l'opinion et ne laissent plus indifférent.

Les sources d'information sont plus nombreuses et peuvent se transformer en action s'il le juge nécessaire.

86. Entretien avec Laurent Solly, directeur général de Facebook France, 16 juin 2016.

Il est à l'origine de nombreux scandales impliquant marques ou entreprises, et les effets amplificateurs des réseaux sociaux lui offrent une arme redoutable. Une simple pétition en ligne, un avis sur les réseaux sociaux, un article dans un journal en ligne ouvert aux contributeurs libres, un discours diffusé sur une plateforme *live*... les moyens d'expression offerts sont nombreux et permettent d'élargir son public au-delà des contraintes temporelles et géographiques.

La citoyenneté du consommateur s'exprime aussi dans son envie de **donner du sens à sa consommation.** Les valeurs de l'économie collaborative et celles du développement durable convergent dans le sens d'une envie de consommer différemment et mieux. Plus tout à fait satisfait du modèle classique proposé par la société de consommation, mieux informé, avec une conscience plus aiguë de l'impact sur l'environnement de certains choix de consommation, il est sensible aux thèmes de l'économie circulaire. Recycler, consommer utile, prolonger la durée de vie d'un objet en lui offrant une seconde vie, sont autant de nouvelles pratiques de consommation qui échappent aux réflexes d'hyper-consommation du modèle précédent. De petits gestes quotidiens qui donnent à chacun le sentiment de prendre sa part dans les changements, pour ce « consommateur colibri[87] » qui souhaite changer les choses en infusant des comportements nouveaux.

87. Voir *La Part du colibri* de Pierre Rabhi, fondateur du mouvement Colibris.

De façon transversale, ces six critères donnent les clés de compréhension et les tendances d'évolution du consommateur digital. Ils définissent les contours d'un consommateur plus complexe que cela ne fut le cas jusqu'à présent. Un consommateur qui dispose de plus d'outils, de plus de moyens pour faire preuve de créativité et expérimenter de nouvelles approches de consommation.

Au final, un consommateur augmenté, au sens où il se sert de ces nouveaux outils pour optimiser les conditions de ses achats et où il est **plus autonome**. Sa connaissance l'aide à se faire une opinion et à décider par lui-même, hors des circuits d'influence classiques utilisés par les marques (publicité, vendeurs…).

Mais, entendons-nous, il n'y a pas un profil de consommateur qui correspondrait à tous les critères exposés ici. À quelques exceptions près, le consommateur digital ne témoigne pas d'une volonté délibérée de consommer autrement. Il expérimente plutôt de nouvelles pratiques et intègre au fil de l'eau de nouveaux comportements. Il est dans une logique de *« test and learn »*, évolutive et non figée.

Il n'est pas non plus homogène, réductible à un seul profil. Ses modes de consommation se fragmentent et il n'y a pas un mais des consommateurs digitaux. Les pratiques de consommation émergentes voient cohabiter plusieurs « segments ». Certains sont plus sensibles aux thèmes de l'économie collaborative, d'autres à la dimension ludique des réseaux sociaux ou aux prix, ou encore à l'instantanéité de l'univers du mobile. Les différents profils qui cohabitent, utilisent les mêmes outils, mais ils n'ont pas la même relation à la consommation et aux marques.

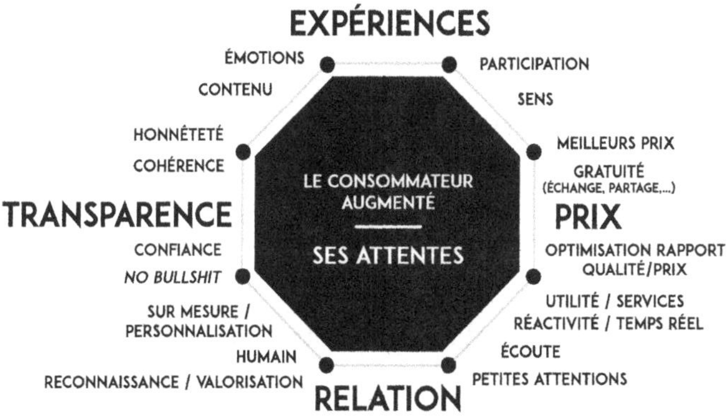

Les attentes du consommateur augmenté

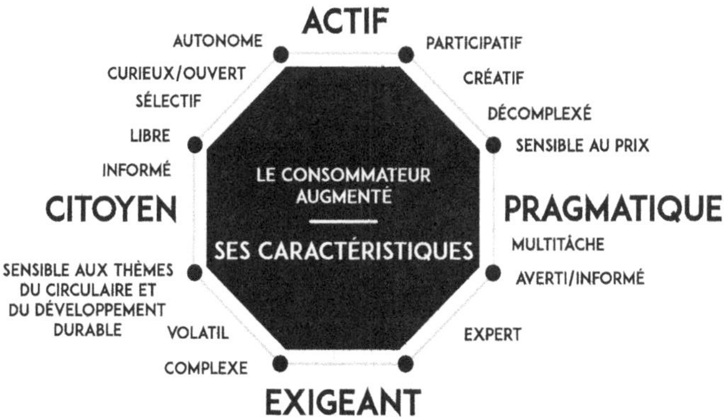

Les caractéristiques du consommateur augmenté

Quels enjeux pour les marques ?

L'écosystème dans lequel les marques évoluent a changé. Le consommateur augmenté n'a plus les mêmes attentes vis-à-vis des marques, qui doivent revoir en profondeur leurs stratégies marketing.

Le monde du marketing classique était maîtrisable. Le produit était la star, le film publicitaire ou la double page presse magazine créaient des imaginaires « aspirationnels », qui généraient de la projection et de l'identification. Bien relayés par une animation sur le point de vente, ces atouts suffisaient à faire la différence.

Le monde d'aujourd'hui est incertain. Certains analystes utilisent même l'acronyme VUCA (volatil, incertain/*uncertain*, complexe et ambigu) pour décrire le monde digital. Dans ce contexte, les leviers du désir ne sont plus les mêmes. Il faut inventer le marketing de demain, et non plus se contenter de reproduire les méthodes qui ont fait leurs preuves par le passé.

Une étude récente[88] montre que **75 % des marques ne manqueraient pas si elles venaient à disparaître**. Un chiffre choc, qui traduit la nécessaire remise en question des méthodes du marketing traditionnel, qui ne créent souvent plus que de l'indifférence. En clair, les trois quarts des marques pourraient disparaître cette nuit et les gens n'en auraient rien à faire, car ils les jugent substituables et indifférenciées.

88. Étude Havas "Meaningful Brands" (300 000 personnes interrogées sur 34 marchés).

La dynamique est celle d'un « darwinisme » des marques : le digital opère une sélection naturelle entre les marques et seules les plus aptes à s'adapter au changement pourront survivre. Les autres sont condamnées à disparaître ou à se trouver reléguées en seconde division, au bas de la pyramide, au rang de simples *« commodities »*, pourvoyeurs de marchandises.

Les marchés se structurent en pyramide

Ce schéma souligne une quadruple dynamique. Au sommet un petit nombre de *love brands*, qui jouent un rôle important dans la vie des consommateurs. L'attachement qu'elles créent est tel, que les consommateurs déclarent ne pas pouvoir s'en passer. En dessous, des marques qui se « prémiumisent » pour échapper au ventre mou du marché. Au milieu un cœur de marché qui se réduit et ne parvient pas à générer d'attachement.

En bas, un grand nombre de marques substituables et la menace de destruction de valeur par une bataille sur les prix. Les marchés sont en mouvement et il n'y a plus de positions acquises. Ce contexte est d'autant plus « challengeant » pour les marques qu'elles sont soumises à plusieurs types de menaces.

Le premier niveau de menace est associé à l'économie collaborative. Il s'agit de la désintermédiation, qui génère le risque de voir les consommateurs adopter des circuits courts et contourner l'offre des marques installées. Les consommateurs peuvent transférer des fragments de leur consommation vers le monde collaboratif et réduire ainsi la prégnance des marques dans leurs choix.

Le second niveau de menace est plus général. Il s'agit du risque de désaffection, et donc de désengagement, des consommateurs pour les marques qui n'auront pas su renouveler leur attractivité. Le consommateur est de moins en moins réceptif aux approches classiques du marketing, basées sur l'interruption dans son rapport au média sur lequel il est, où les messages des marques s'imposent à lui. **Il faut que ce soit lui qui adhère au monde de la marque**, et non plus les marques qui s'imposent à lui. Le marketing de la persuasion fait place à celui de l'adhésion.

Huit défis pour les marques

Comment rester dans le dernier carré ? Comment émerger dans un univers fragmenté ? Comment parvenir à créer de l'attachement et de l'engagement dans la marque ? Autant de questions qui se posent aujourd'hui.

Construire une marque engageante est un défi accessible. Plusieurs orientations se dessinent et peuvent proposer un relais aux approches classiques du marketing.

En voici un rapide aperçu.

S'adresser à l'humain, et non plus à une cible

De la part des marques qu'il a installées dans son panthéon, au statut de *« love brands »*, le client en attend plus. Elles doivent, bien sûr, toujours proposer un produit et son bénéfice fonctionnel, mais leur rôle se situe bien au-delà du produit. « Cette marque, c'est moi » : l'individu se construit par les marques qu'il choisit, tout autant que par son adhésion à une religion, une idéologie ou une appartenance sexuelle. Les marques doivent cesser de prendre leurs clients pour des consommateurs, mais bien s'adresser à des individus.

Pour cela, elles doivent se construire sur des *« human insights »*, c'est-à-dire s'adresser à l'humain plus qu'au consommateur. Les *love brands* transcendent les produits et parlent d'estime de soi, de dépassement de soi ou de concept de soi. Elles préemptent et célèbrent de grandes valeurs, profondément humaines comme le bonheur (Coca-Cola), la jeunesse (Evian), ou l'art de vivre à la française (Air France). Ces valeurs créent du sens et génèrent une adhésion qui dépasse la dimension rationnelle.

Exprimer la raison d'être de la marque par un point de vue fort

Il y a CE qu'on fait. COMMENT on le fait. Et POURQUOI on le fait[89]. Les marques ne peuvent plus faire l'impasse sur leur vision de la catégorie. Le « pourquoi » crée du sens et génère de l'attachement.

Sur des marchés souvent saturés, les marques ne peuvent plus se contenter de vendre leur produit, si performant fût-il. Rapidement, d'autres bons produits seront proposés moins chers, ou d'autres seront lancés, encore meilleurs. Le marketing de l'USP (*Unique Selling Proposition*), basé sur la supériorité d'un point produit, ne suffit plus à créer de l'attachement et n'est plus opérant sur les réseaux sociaux. Il faut remonter plus haut que le produit, à sa raison d'être et au sens. Au « pourquoi » il a été conçu et nous est proposé.

En se limitant à des promesses fonctionnelles, les marques s'exposent à la concurrence et se banalisent. Elles deviennent imitables et égalables. À l'heure où les consommateurs peuvent se passer de nombre de marques, celles-ci doivent se demander pourquoi elles « méritent » d'exister.

La réponse est dans le point de vue de la marque qui exprime sa raison d'être et dans le *storytelling* qui la rend concrète. C'est lui qui propose du sens et qui crée une dimension émotionnelle engageante. Les *« love brands »*

89. Un point de vue développé par Simon Sinek dans son ouvrage *Start with Why*, Penguin, 2011.

sont uniques et inégalables, car leur point de vue, comme les valeurs dans lesquelles il est ancré, sont uniques.

Danone a été précurseur dans les années 90 en décidant de faire du serment d'Hippocrate *« de l'alimentation tu feras ta première médecine »* sa vision d'entreprise. Une vision qui mettait la santé par l'alimentation au cœur de la marque.

Derrière le *« Venez comme vous êtes »* de McDonald's, il y a un point de vue qui prend de la hauteur par rapport à la vente de burgers. L'enseigne pourrait se contenter de revendiquer les meilleurs burgers du monde. Elle est allée plus loin, plus haut. Elle propose du sens avec une certaine vision de l'individu associée à la liberté d'être soi-même. Et elle se fait l'avocate de la tolérance et des valeurs d'accueil.

Le sens est l'avenir du marketing. Devenir une *love brand*, s'installer en haut de la pyramide, parmi les quelques marques attachantes, passe par ce travail d'affirmation d'une mission plus haute que le simple fait de vendre un produit. Howard Schultz, le fondateur de Starbucks, a inventé le concept de « troisième place » entre le bureau et la maison, et propose un point de vue unique, et donc différenciant, qui dépasse les fondamentaux de son métier. Son leitmotiv : *" We are not in the coffee business serving people, we are in the people business serving coffee*[90]*. "*

90. *« Nous ne sommes pas dans le métier du café qu'on sert aux gens, mais dans celui des gens à qui on sert du café. »*

Adopter une posture de service : la *« digital utility »*

Le point de vue de la marque ne peut se contenter d'être un discours incantatoire. Il doit être prolongé par des preuves concrètes, qui le rendent tangible et appropriable. Le monde digital est un facilitateur du quotidien, naturellement en affinité avec l'idée de service. Il ouvre de nouveaux champs aux marques pour incarner une dimension plus servicielle. Selon Jean-Paul Agon, *« le digital permet de transformer le produit en service. Le maquillage en est un très bon exemple.* Via *le digital, le consommateur a accès à des conseils* via *des blogs, peut tester virtuellement les produits grâce aux systèmes de simulation comme l'application Makeup Genius, suivre des tutoriaux qui expliquent comment les utiliser, mais aussi laisser des commentaires et son ressenti après utilisation*[91] ».

Avec l'application Nike + Running, Nike illustre parfaitement cette approche[92].

La marque Nike s'est construite sur le *« Just do It »*, et l'idée de dépassement de soi. Avec Nike, « tu peux le faire » et les stars ambassadrices sont là pour faire rêver et générer de la projection dans l'univers « aspirationnel » qu'elles incarnent. Mais quel est le trait d'union entre leur monde et le nôtre ?

91. Interview LSA, 16 juin 2016.
92. Comme expliqué dans l'ouvrage *Velocity*, coécrit par le VIP *digital sport* de Nike et son agence AKQA.

Avec l'application Nike +, la marque se connecte à nos usages, revient à notre niveau et rend concrète sa mission, afin d'en faciliter l'appropriation.

Grâce à Nike + Running, n'importe quel coureur peut aujourd'hui suivre ses performances, se faire coacher pour préparer une course, mais aussi interagir avec ses amis, en suivant leurs kilomètres parcourus, en leur lançant des challenges ou en les encourageant.

Le système Nike +, basé sur une mécanique de « gamification » autour de paliers à atteindre, est motivant et pousse à la pratique. Il n'oublie pas de « boucler » sur les produits et les présente dans la e-boutique Nike accessible depuis l'appli.

Bien au-delà du fait de dédoubler son site Web, la marque joue sur la complémentarité des deux plateformes, en leur attribuant des rôles différents mais synergiques.

Fort de ce succès, elle a lancé Nike + Training, pour valoriser ses équipements fitness et training en proposant une app de coaching, autour d'exercices conçus par des professionnels et des athlètes renommés. À cela s'ajoute la possibilité de prévoir un emploi du temps d'entraînement personnalisé, de recevoir des recommandations et d'interagir avec ses amis pour rester motivé. Une recette gagnante, rapidement reprise par la concurrence avec le rachat d'une offre similaire, Runtastic par Adidas et Runkeeper par Asics.

Nombre de marques se lancent dans des stratégies orientées services, *via* des applications, des tutos, ou des opérations d'activation. La Roche-Posay nous suggère de devenir « *skin checker* » et nous aide à contrôler les grains de beauté de nos proches afin d'éviter le risque de cancer de la peau.

Weight Watchers met en avant une appli qui permet d'aider ses clients dans la réussite de leur projet de perte de poids en leur proposant des menus pour chaque repas et des solutions d'entraide. Fleury Michon offre des services de coaching pour mieux manger. L'Oréal développe une appli « Makeup Genius », qui permet de visualiser son visage avec différents maquillages. Une façon d'imaginer le rendu avant l'achat, et non pas seulement après. Ou développe des tutos avec des blogueuses pour aider à l'utilisation des produits.

À chaque marque de trouver les pistes pertinentes sur son marché pour inventer de nouveaux services à ses clients, en synergie avec la mission qu'elle s'est assignée. Le digital offre la possibilité de prolonger la raison d'être de la marque et de la concrétiser, notamment sous la forme de services. Et, ainsi, de faire la passerelle entre la hauteur de vue d'un point de vue de marque et le quotidien de ceux qui les consomment.

Proposer des expériences

Brian Solis en a fait son cheval de bataille et le thème de son dernier ouvrage[93]. Le mot est très utilisé, dans des acceptions différentes, allant de l'UX (*User Experience*) sur un site à l'expérience en magasin.

---

93. *X : The Experience When Business Meets Design*, où il développe le concept de UMOT *(Ultimate Moment of Truth)*.

Le sens qui nous intéresse ici est l'expérience que propose la marque *(« brand experience »).* Elle doit être cohérente et unique, déclinée sur les différents points de contact entre une marque et ses clients, repérable dans les différentes étapes du parcours client avant, pendant et après l'achat.

Elle s'ancre dans l'identité de la marque, le produit, le point de vue de la marque. Milka a mis au cœur de la marque le concept de tendresse et décline ensuite cette valeur sur ses différentes opérations. L'expérience doit être conçue autour du client et de ses besoins, ses usages.

Dans un contexte de fragmentation, de temps réel et d'abondance d'information, l'expérience permet à une marque d'émerger et de créer un attachement émotionnel.

Être pertinente et en afþnité avec ses consommateurs

L'ère du *« carpet bombing*[94] *»* est bien terminée : il s'agit désormais de s'adresser aux bonnes personnes, aux bons endroits. Être une marque pertinente, c'est s'inscrire dans les valeurs de sa cible et être en affinité avec elle. Le consommateur augmenté veut des marques qui le comprennent, et même qui lui correspondent. Il faut engager différemment le consommateur. Un beau film publicitaire de 30 secondes ne suffit plus, alors que le digital offre de nouvelles possibilités aux marques, qui doivent proposer de nouvelles expériences.

94. Stratégie utilisée pendant la Seconde Guerre mondiale, qui tapissait un site de bombes sans faire de distinction. Par extension, un concept appliqué au *mass marketing.*

Et, au besoin, s'adresser à de nouvelles cibles, jusqu'alors hors de portée de la marque. Axa a su conquérir la cible jeune, peu impliquée dans le monde de l'assurance, avec l'opération #JeVeuxRentrerEn… qui proposait aux jeunes un concours dont les gagnants pouvaient rentrer chez eux après une nuit de fête avec le moyen de transport de leurs rêves, mis en place par Axa. Certains ont choisi un carrosse, d'autres un poney…

La participation des consommateurs est un axe à privilégier : les marques avec lesquelles on interagit s'inscrivent dans notre vie, et non plus seulement dans notre consommation. À ce titre, les plateformes d'innovation partagées, le *User Generated Content*, la présence d'instagrammeurs dans les canaux de communication de la marque sont autant de points centraux.

Il faut montrer aux consommateurs leur importance, faire preuve de petites attentions, de bienveillance, voire de générosité (comme la petite bouteille d'eau dans les voitures Uber, reprise désormais par de nombreux taxis). Milka l'a bien compris avec son opération « Le Dernier Carré » : en enlevant le dernier carré de 13 millions de tablettes, et en proposant de le partager avec ses proches, sous couvert de tendresse, la marque a créé de l'attachement émotionnel.

Cette affinité se construit aussi en surprenant les consommateurs. Quand la marque de cosmétiques Benefit fait découvrir ses produits chez Starbucks, il ne s'agit pas d'une simple opération d'échantillonnage. Par cette proximité avec Starbucks, Benefit souligne qu'elle comprend le style de vie et les préférences de ses clientes, qui ne se sépareraient pour rien au monde de la parenthèse *café latte* chez Starbucks. Elle ne leur parle pas des besoins de leur peau, mais leur montre qu'elle est pleinement légitime à faire partie de leur monde.

Ces détails apparents ont leur importance. Ils sont autant de preuves qu'on s'adresse à un individu, et non pas seulement à un consommateur. Ils sont la juste compensation de l'implication dont témoignent les consommateurs pour leurs marques préférées.

Produire des contenus

Le consommateur est toujours connecté. Dans ce contexte, il est important de ne plus seulement raisonner en vagues, mais aussi en actifs de marque, c'est-à-dire en contenus visibles à tout moment. On n'est plus seulement dans une logique d'achat de flux d'audience (générés par la publicité, les médias traditionnels), mais aussi de création de sa propre audience de marque, généralement par les réseaux sociaux et le développement de contenus propriétaires, comme le fait Red Bull avec les sports extrêmes.

D'où le développement du « ***native advertising*** » : une publicité informative plus que persuasive, proposée dans le contexte de l'expérience utilisateur. Du contenu rédactionnel qui se situe en affinité à la fois avec les centres d'intérêt des consommateurs et le contenu des pages visitées pour minimiser la dimension intrusive de la publicité. Il peut s'agir de liens sponsorisés ou de billets ou vidéos proposés dans le même format que les autres contenus publiés sur la plateforme. Souvent comparé au publireportage dans la presse, il propose une expérience plus immersive et moins intrusive qu'une publicité classique.

Il peut aussi s'agir de *« brand content »*, des contenus de marque qui donnent de la matière sur l'univers de la marque, ou celui de la cible que l'on souhaite capter.

Quand Norman fait une vidéo qui met en avant le jeu Assassin's Creed, il fait 23 millions de pages vues et génère 513 000 commentaires. Il s'agit d'une vidéo promotionnelle, mais Norman étant fan du jeu, elle est perçue comme légitime. Elle propose un contenu qui ne s'impose pas aux gens, mais qui, au contraire, est valorisé par eux. En conséquence, ils vont d'eux-mêmes vers le contenu de marque, et non plus l'inverse.

Un des meilleurs cas de *brand content* digital est celui de Villa Schweppes. La marque a mis en place un site de contenu qui renseigne sur les bons plans (musique, événements, restaurants…) et les adresses branchées où sortir la nuit. Une opération qui rencontre les attentes de la cible Schweppes et lui propose du contenu utile sur un sujet où elle se sent impliquée. Et qui génère ainsi plus de 650 000 visites par mois. Un territoire qui devient un *« ownable »* de la marque et la différencie tout en créant de l'affinité avec la communauté de ceux qui aiment sortir la nuit.

Les marques attachantes multiplient les opérations de création de contenu. Le cognac Martell, numéro 1 en Chine, produit une Web série à destination des jeunes dandys chinois. Nike produit *Margaux vs Lily*, une mini

Web série : deux sœurs se lancent des challenges sportifs. Autant d'exemples qui mettent en avant le développement des stratégies de contenus dans une logique d'adhésion et d'émergence en ligne pour une marque.

Mais attention au *« content shock »* décrit par l'analyste Marc Schaeffer[95]. Dans un monde encombré où cohabitent 1 200 000 sites, où les médias produisent du contenu, mais aussi les marques et les individus, l'offre de contenu peut devenir plus abondante que la demande. Trop de marques proposent du contenu pour le contenu, sans s'assurer de la qualité de celui-ci et au risque qu'il soit insignifiant.

D'où la nécessité de produire un contenu d'une qualité irréprochable, proposant une véritable valeur ajoutée, pour éviter l'effet « papier peint » (il est partout autour de nous, mais personne ne le remarque) et maximiser les chances d'émergence.

Être ouverte

La marque n'est plus un système fermé où le marketing a le monopole de la parole. Ses clients ont aussi des idées et veulent être impliqués dans son monde. D'autant plus que la culture Internet est très ouverte, en témoigne l'approche de Facebook où tout est public.

Les marques doivent apprendre à lâcher prise sur la maîtrise de toutes les facettes de leur marketing et à

95. Site Internet : www.businessgrow.com/2014/01/06/content-shock

partager le pouvoir avec les consommateurs. Les *« power users »*, c'est-à-dire les consommateurs les plus fans des marques, s'amusent déjà avec les marques, aiment les subvertir, se les réapproprier. Ils peuvent devenir de précieux ambassadeurs, mais il faut les laisser devenir « copropriétaires » de la marque ; se situer dans un état d'esprit d'interaction et d'échange. Une situation que Jean-Noël Kapferer résume par une formule : *« La fin du "pas touche à ma marque". »*

Être authentique

En quelques clics n'importe qui peut avoir accès à toutes les composantes de la marque : la publicité, le site, les avis des consommateurs, les forums, les opérations sociales… et même accéder aux informations sur l'entreprise derrière la marque, comme le rapport d'activité aux actionnaires. Aujourd'hui les marques se doivent d'être **irréprochables sur le plan de l'éthique**. L'honnêteté et la transparence deviennent des prérequis. Les effacements de « *posts* » sur Facebook par certaines marques ont laissé des traces durables sur leur image. Les marques ne doivent pas tenter de dissimuler, mais plutôt d'expliquer.

Il faut mettre en cohérence tous les points de contact entre une marque et ses publics, afin que tous les messages racontent la même histoire. Un décalage de discours entre l'entreprise « corporate » et les marques peut faire des dégâts sur l'image, comme ce fut le cas pour Unilever. D'une part, le Groupe encourageait l'acceptation de « toutes les beautés » et l'estime de soi, sur la marque

Dove. D'autre part, il promouvait un idéal féminin très normé et proche de la femme objet sur la marque Axe. Une contradiction qui n'a pas échappé aux internautes et a coûté au groupe un puissant buzz négatif.

La possibilité de s'adresser directement aux marques, en temps réel, et, par ailleurs, la mémoire longue du Net, créent de nouvelles exigences. La personnalité de la marque devient un point clé dans la construction d'une relation de confiance.

★★★

Le consommateur augmenté est à l'origine d'une révolution du marketing, qui a déjà commencé et va prendre une ampleur inégalée dans les cinq ans à venir.

L'appropriation des nouveaux outils tecŸologiques par les consommateurs est rapide et la transformation du marketing s'opère à un rythme soutenu. Tous les champs sont concernés : l'expérience retail ne pourra plus être la même, les dispositifs de communication doivent être réinventés et pensés en synergie des moyens comme des objectifs des différents canaux… Un impératif ne doit pas être perdu de vue : le consommateur, qui mène le bal, doit toujours être au centre du dispositif. La compréhension complète de celui-ci ne peut être négligée : de ses usages de la tecŸologie à ses valeurs, ou son style de vie, la détection de *« consumer insights »* doit rester une priorité.

L'écosystème dans lequel évoluent les marques a changé du tout au tout. Le consommateur digital exprime de nouvelles attentes vis-à-vis des marques. Celles-ci ne peuvent plus rester centrées sur elles-mêmes, dans une seule posture d'émetteur. Elles doivent accompagner la vie de leurs consommateurs à tous les instants : partager leurs valeurs, proposer des expériences, ouvrir le champ de leurs possibles, se rendre utile au quotidien, divertir… Bref, être présentes sur tous les fronts. Un défi à la hauteur des enjeux : maintenir leur attractivité pour construire de la préférence et échapper au darwinisme qui envoie au cimetière les marques incapables de s'adapter.

Conclusion

Selon Jean-Jacques Rousseau[96], ce qui fait la différence entre l'homme et l'animal est avant tout la liberté, qui donne à l'homme *« la faculté de se perfectionner tout au long de sa vie »*. Pour sa part, l'animal est guidé dès sa naissance par la nature et l'instinct. Il est enfermé dans son programme génétique dont il ne peut dévier d'un pouce. L'homme peut s'en éloigner, pour inventer son propre destin. Il peut librement faire des choix, qui l'amènent à s'améliorer. L'homme peut progresser, l'animal ne le peut pas.

Le consommateur digital incarne cette parabole. Il a exercé sa liberté de choix et a librement adopté les nouvelles possibilités offertes par le digital, pour inventer de nouvelles pratiques de consommation. Et ces expérimentations, initialement empiriques, l'ont fait progresser. Avec les moyens que lui donnent les nouveaux outils, comme le mobile toujours plus puissant, ou les réseaux sociaux dont l'impact sur les marques n'est plus à prouver, il invente de nouvelles façons de consommer et devient plus autonome, plus participatif, plus malin, plus exigeant aussi.

Le consommateur est devenu l'acteur du changement. C'est pourquoi nous avons choisi le terme de

96. Jean-Jacques Rousseau, *Discours sur l'origine et les fondements de l'inégalité parmi les hommes*, 1755.

consommateur « **augmenté** » : ses capacités sont supérieures à celles du consommateur classique, qui était plus passif et plus enfermé dans les systèmes d'influence des marques. Le pouvoir est de son côté, il mène le bal et fait changer les règles du jeu.

Pour satisfaire le consommateur digital et parvenir à l'engager dans la marque, **la relation doit devenir le leitmotiv**. Le monde digital autorise une relation de tous les moments entre un consommateur et une marque. Et celle-ci n'est plus à sens unique, elle se fait de pair à pair, sur un pied d'égalité. Elle est multifacette et prend différents visages. Elle peut s'incarner dans un dialogue personnalisé, de petits services qui facilitent le quotidien, ou la liberté donnée aux consommateurs de participer à l'offre de la marque et de s'exprimer sur elle. Elle doit être prolongée et nourrie par des **expériences** proposées aux consommateurs, qui dépassent le produit et créent un lien plus émotionnel et personnel. Elle requiert le sens de l'écoute, la compréhension des besoins, de la personne et de son style de vie.

Se mettre au niveau de la relation qu'attendent les consommateurs digitaux, implique de positionner le **client au cœur de l'entreprise**. L'impact de la révolution digitale sur le rapport aux marques et à la consommation est tel qu'il ne se limite pas au seul marketing, ni au périmètre digital *stricto sensu*. Selon la théorie des dominos, où un basculement entraîne le changement des autres départements situés à proximité, l'onde de choc se propage et affecte toutes les facettes de l'entreprise. Au-delà de la « clientisation » des différents services, la transformation des organisations et des façons de travailler doit devenir une priorité.

Enfin, l'ultime défi qui se pose aux entreprises est celui de l'appropriation d'**une nouvelle culture**. Le consommateur digital ne nous conduit pas vers une réinvention de notre modèle de société de consommation, mais il est imprégné de la culture digitale, qu'il a intégrée avec beaucoup plus de facilité que les grandes organisations. Une culture agile, d'ouverture et de liberté d'expression. Gilles Babinet[97] résume bien le choc des cultures : *« Les entreprises du CAC 40, ce sont des tours à la Défense avec le manager qui est en haut, le silo qui est en haut, un environnement feutré, isolé avec une forte culture du secret. Alors qu'une start-up, c'est un campus. Facebook, c'est un campus. C'est plat, ils sont tous dans l'open, ils partagent tout. »*

Il n'y a pas de modèles à reproduire. C'est inconfortable, mais il faut adopter une posture d'expérimentation, accepter le principe du *« test and learn »*, dans un esprit d'humilité et de droit à l'échec. En continuant d'avancer, car ne rien faire revient à perdre du temps, et le temps est l'ingrédient le plus précieux de la réussite. Il ne faut pas attendre que cela aille mal pour réagir. Le risque serait de « mourir en bonne santé », c'est-à-dire de perdre progressivement pied dans la réalité du *business* et de s'en rendre compte quand il est trop tard.

97. Digital champion de la France auprès de la Commission européenne.

Le consommateur digital dépasse le champ *stricto sensu* du monde digital et de l'achat en ligne. Il a de nouvelles valeurs, baigne dans une nouvelle culture qui nourrit l'individu tout entier. Il en va de même pour la transformation digitale : il faut être convaincu qu'elle dépasse le champ du digital. Elle est transformation organisationnelle, culturelle, marketing… et doit aboutir à une véritable réinitialisation de l'entreprise. La dynamique du changement est en marche, les cinq années à venir marqueront une étape critique. Des années périlleuses, mais passionnantes !

Bibliographie sélective

Ajaz Ahmed, Stefan Olander, *Velocity*, Vermilion, 2012.

Chris Anderson, *Makers. La Nouvelle Révolution industrielle*, Pearson, 2012.

Gilles Babinet, *Big data, penser l'homme et le monde autrement*, Le Passeur, 2016.

Zygmunt Bauman, *S'acheter une vie*, Jacqueline Chambon, 2008.

Michel Bauwens, *Sauver le monde. Vers une économie post-capitaliste avec le peer-to-peer*, Éditions Les Liens qui libèrent, 2015.

Rachel Botsman, *What's Mine Is Yours. The Rise of Collaborative Consumption*, HarperCollins, 2011.

Erik Brynjolfsson, Andrew McAfee, *Le Deuxième Âge de la machine*, Odile Jacob, 2015.

Darkplanneur, *Luxe & Digital*, Dunod, 2016.

Marie-Anne Dujarier, *Le Travail du consommateur*, La Découverte, 2008.

Philippe Escande, Sandrine Cassini, *Bienvenue dans le capitalisme 3.0*, Albin Michel, 2015.

Luc Ferry, *La Révolution transhumaniste. Comment la technomédecine et l'ubérisation du monde vont bouleverser nos vies*, Plon, 2016.

Havas Média, *Tendances et perspectives*, février 2016.

Joseph Heath, Andrew Potter, *Révolte consommée*, Éditions Naïve, 2005.

Gilles Lipovetsky, *Le Bonheur paradoxal*, Gallimard, 2006.

Philippe Moati, *La Nouvelle Révolution commerciale*, Odile Jacob, 2011.

Geoffrey Moore, *Crossing the Chasm*, HarperBusiness, 1991.

Jeremy Rifkin, *La Nouvelle Société du coût marginal zéro*, Éditions Les Liens qui libèrent, 2015.

Robert Rochefort, *La Société des consommateurs*, Odile Jacob, 2001.

Collectif sous la direction de Dominique Roux et Lydiane Nabec, *Protection des consommateurs. Les nouveaux enjeux du consumérisme*, Éditions EMS, 2016.

Jean-Baptiste Rudelle, *On m'avait dit que c'était impossible*, Stock, 2015.

Klaus Schwab, *La Quatrième Révolution industrielle*, World Economic Forum, 2016.

Brian Solis, *X: The Experience When Business Meets Design*, Wiley, 2016.

Carlo Strenger, *La peur de l'insignifiance nous rend fous. Quelle place pour l'individu à l'ère de Facebook ?*, Belfond, 2013.

Marco Tinelli, *Marketing synchronisé*, Eyrolles, 2012.

Index des marques et des noms propres

Achevé d'imprimer en octobre 2016
sur les presses de la Nouvelle Imprimerie Laballery
58500 Clamecy
Dépôt légal : octobre 2016
N° d'impression : 610140

Imprimé en France

La Nouvelle Imprimerie Laballery est titulaire de la marque Imprim'Vert®